广东现当代画家小传·国画卷

松风万壑
梁世雄小传
LIANG SHIXIONG XIAO ZHUAN

蔡贤丽 著

岭南美术出版社
中国·广州

图书在版编目（CIP）数据

松风万壑：梁世雄小传/蔡贤丽著. ——
广州：岭南美术出版社，2015.8
（广东现当代画家小传.国画卷）
ISBN 978-7-5362-5501-2

Ⅰ.①松… Ⅱ.①蔡… Ⅲ.①梁世雄—
传记 Ⅳ.①K825.72

中国版本图书馆CIP数据核字（2014）第162482号

责任编辑：李　颖　　王效云　　杨　靖　　周章胜
责任技编：罗文轩　　谢　芸
装帧设计：杨易欣

松风万壑：梁世雄小传

SONGFENG WANHE LIANG SHIXIONG XIAOZHUAN

出版、总发行：	岭南美术出版社（网址：www.lnysw.net）
	（广州市文德北路170号3楼 邮编：510045）
经　　　销：	全国新华书店
印　　　刷：	雅昌文化(集团)有限公司
版　　　次：	2015年8月第1版
	2015年8月第1次印刷
开　　　本：	787mm×1092mm　　1/16
印　　　张：	8.75

ISBN 978-7-5362-5501-2

定　　　价：38.00元

编委会

主　任　顾作义
副主任　程　扬　吴伟鹏
主　编　李劲堃
副主编　许永波　李健军　熊育群　李清泉
编　委　刘金华　王　永　李若晴　陈　迹
　　　　王　艾　戴　和　谢海宁　李　颖

序

回顾20世纪中国美术发展史，中国画的现代转型与"新国画"运动密不可分。发端于广东的岭南画派在这场"新国画"运动中起到极其重要的作用，以高剑父、高奇峰、陈树人等为代表的岭南画派，以革命性、创新性的新思路，折衷中外、融汇古今，注重现实关怀、题材开拓和表现手法的多样性，开启中国现代绘画的新风气，极大地推进了中国美术的现代化进程。

继"二高一陈"后，以关山月、黎雄才、赵少昂、杨善深等为代表的艺术家，更是把岭南画派发展到一个新的高度，并卓有成效地拓展了现代美术教育体系，使岭南地区迅速成为新中国美术教育基地之一，培养了许多影响21世纪中国美术进程的画家。他们继承和延续岭南画派的艺术精神，践行着创新和发展的道路，使广东成为中国美术教育与创作的重镇。

在对中国美术发展史的研究中，岭南画派一直是被关注的，但系统完整的广东现当代画家传记著述却较少见到。梳理这些画家的人生经历，再现他们的探索过程，总结他们的创作思想，对于推动广东美术创新发展，增强广东文化自觉与文化自信有着重要意义。为此，我们编辑出版《广东现当代画家小传》丛书。

丛书根据艺术成就及社会影响力甄选了20多位现当代画家作为传主，以文学性的叙事方式讲述艺术家活动及经典作品背后的故事，使读者重回那段令人荡气回肠的岁月。丛书遵循从史到论，论从史出，通过文学家的艺术剪裁，注重围绕史料开展研究，力求科学严谨地再现各位传主的生平经历、创作历程、学术贡献和历史影响。丛书资料翔实、图文并茂，大量由家属提供和从档案中查阅到的第一手资料更为珍贵。

对岭南近现代画家的资料进行收集与整理，是广东地域美术研究的基础性工作。丛书的出版将极大地丰富画家档案及文献资料，为广东画家的相关研究奠定基础，更好地促进广东美术繁荣发展。

| 梁世雄小传 | **目 录**

001	一 /	求学广州
007	二 /	师法前辈
013	三 /	走南闯北
032	四 /	外师造化
036	五 /	宝岛掠影
043	六 /	塞外胡杨
046	七 /	周游世界
050	八 /	师从关黎
058	九 /	以书入画
064	十 /	连开画展
073	十一 /	筹建岭南画派纪念馆
077	十二 /	频频报料　成人之美
080	十三 /	笔意墨韵的驾驭者
104	十四 /	画家论艺
121	附一 /	艺术年表
129	附二 /	参考资料

一 求学广州

1933年3月10日，这一天清晨，广东省南海县的一个小村庄里，一阵微雨才过，空气中便荡满了新叶抽芽的清香和浓烈的花香。阳光掠进一处小院子里，照得几棵榕树新发的嫩绿叶子上的雨滴晶莹剔透。院墙外一树红棉花含满雨水次第绽放，红如胭脂。

梁晚新匆匆穿过榕树的绿荫，步子轻快有力，清新的空气令他精神不由一振。这位三十多岁的农民一直性情内敛，举止平和。常年的农村耕作生活，亲近土地让他焕发无限生机，充满活力。今天梁家上下一片欢腾，随着一声响亮的啼哭，一个小生命降临到世间。梁晚新此刻正为这第一个儿子的降生而欣喜若狂，并亲自为儿子取名世雄，取其发达于世间之意。却不想，这名字的祝愿日后竟然实现，这哭声响亮的孩子，将成为广东现代岭南画派史上一位大家，他便是梁世雄。

梁世雄生活的地方是南方水乡，村前数棵挺拔的红棉树和几棵枝繁叶茂的古榕树下，蜿蜒的小河在欢唱，郁郁葱葱的桑基鱼塘、绿油油的稻田和那不时散发着诱人稻香的田园风光，哺育着少年的梁世雄。他时常在小河里戏水，还划着家乡特有的龙标艇去采摘番石榴、钓鱼，饱览这故乡亲切动人的景色。

春风催开了漫山的野花，催绿了满树的新叶。和暖的阳光晒着河沟、水田里的水波，青蛙轻捷地在池塘旁跳着，从一片碧绿的荷叶上跳到另一片荷叶上，鼓噪着，歌颂这快乐的春天的到来。一身合适的蓝衣服，里面衬着洁白的衬衫，脚上穿着一双妈妈精心缝制的黑布鞋，小世雄更加显得英俊。长长睫毛下忽闪着的明亮的眼睛，总是不停地在观察着什么。他最喜爱那有生命的东西，爱青蛙，爱小鸡，爱水塘里怡然自得的鱼和虾，爱这水乡里美丽的景色。

他不明白，鱼为什么会在水里游；那虾多美丽，透明，晶亮。站在塘边，他仔细地观看着，常常忘了时间。一直到妈妈找他回去吃饭，他还边走边张望着这些可爱的小动物。这碧绿的星斗塘，是他的乐园，是他生命的摇篮。他每天不知

2003年春节，梁世雄于家中留影

要来这里多少趟。这里的一草一木，一鸟一虫，都启迪着他的心灵，吸引着他那充满幻想、探索的好奇心。也许冥冥中注定他要与画画结缘，在他尚未懂事之前，就曾见到许多画画的人前来写生，那时候的梁世雄，深深被这些一笔一画便将美景赋之纸上的画面所吸引，如入美丽幻境，一站就是几个小时，那时梁世雄最大的愿望就是："我要学画画，画出这美丽的景色。"

但是梁世雄却没能早早实现他学画的愿望，在他四岁的时候，父亲养猪时被大锅猪食给烫伤，带着满身伤痕回家后，不久就撒手西归。家境的艰难，让梁世雄未能早早步入学画的轨迹，却磨练了梁世雄坚强的意志，为他以后的人生铺陈了伏笔。

不幸的家庭生活没能磨灭梁世雄对艺术的热爱，没钱买纸笔，他就在心中默默地观察，静静地站在那些画家们身边，仔细看他们如何用五颜六色的颜料描画出家乡风景。观看画家们写生，学着他们的动作用树枝在沙地上描画着，成了梁世雄幼年时期最大的享受。

而这一切，被细心的舅舅看到了，孩子幼稚的心灵渴望得到的不是同龄孩子所喜爱的玩具，而是画画的工具。有一天，舅舅手上拿了一包用麻布包着的东西，向在水塘边看人作画都看呆了的梁世雄快步走来。梁世雄高兴地迎着舅舅飞奔过去。舅舅三步并做两步，赶到孩子面前，蹲下身子，把手上的礼物举到外甥面前："舅舅送你，快打开看看是什么。"

梁世雄打开一看，一盒十二色的水彩颜料，他不敢相信地看着舅舅，这真是送他的礼物吗？这些是他梦寐以求的。舅舅高兴地抱起梁世雄，摸着他的小脑袋说："以后就用这色彩笔好好画几幅画给舅舅看吧。"得到这个鼓励，梁世雄欣喜异常，更加喜欢画画，从此，一个五彩缤纷的世界就展现在少年梁世雄的面前。

不久，村里一户人家开了一间小小的油纸伞作坊，为了吸引顾客，推销产品，

2007年，梁世雄与家人合影于中山大学蒲园餐厅

需要在那一把把油纸伞上画些花草及山水。这些简单的工艺美术品，深深吸引了梁世雄，他经常在一旁观摩工人们描画，跃跃欲试。

有一天，梁世雄鼓起勇气走到作坊的主人跟前，深深鞠了个躬说："我也想在这里打零工，在油纸伞上画画，我会画很多的花草与虫鸟，请您让我试一试吧。"

作坊主老早就留意到这个痴迷的孩子，他对梁世雄说："画一百把伞才有十个铜板，你愿意吗？"

梁世雄毫不犹豫地点头，于是作坊主当天就同意他将伞拿回家里画，而梁世雄也成了作坊里年纪最小的画工。虽然工钱很少，画一百把伞才得一点报酬，但这最初的"勤工俭学"使梁世雄有机会接触工艺美术，同时，还能用这微薄的报酬去购买他所渴望得到的纸、笔和颜料。就这样，他的第一幅作品，便是画在油纸伞上的一幅小画。

每个在绘画上有成就的人，都少不了伯乐的提携。梁世雄在入读佛山市民秀小学的时候，机缘巧合遇到了他的第一位伯乐何湛机老师，自此从小学到南海县立一中的求学生涯中，都是何湛机教他画画。何湛机与岭南画派颇有渊源，他跟过岭南画派第二代传人黄少强学画，接触到岭南画派很多的画作。何湛机在教学中发现梁世雄与其他孩子不同，对美术有着特殊的爱好和执着的追求，他便花心思教导梁世雄。在当时，小学老师的生活非常清贫，但是在何老师家中，却有另一种"宝贵的财富"，那就是许多的旧杂志、旧报纸。由于何老师是个美术爱好者，他把从旧书刊中剪下来的各种五光十色的印刷资料收集并剪贴好，每当梁世雄去何湛机家里玩的时候，何湛机就将这些剪贴小画幅拿出来，借给梁世雄观看并临摹。梁世雄在这片小小的天地里，看到当时许多大画家的作品，其中有岭南画派大师高剑父、高奇峰的作品。梁世雄尤其喜爱高奇峰所画的老虎，他曾经夜以继日地临摹。何湛机的爱心与慧眼滋润着梁世雄幼小的心灵，进一步启迪了他对绘

金洲小景 1958年 136 cm×68 cm

画的热爱。那时候学校的宣传墙报栏，就是由梁世雄带领几个同学一起创作的，在这片小小天地里，梁世雄尽可能地发挥自己的才能，他感觉到莫大的喜悦。上初中之后，梁世雄萌发当个小学或初中的美术老师的梦想，觉得这是个非常不错的职业。但是人的际遇造化是难以想象的，梁世雄后来当上大学教授，这在他小时候的世界里，是不可想象的，但是命运在不经意间，巧手一推，就改变了既定的轨道，向着另一个方向走了。

梁世雄在家乡一遍一遍地描绘岭南的田园风光，随着年龄的增长与绘画技巧的提高，逐渐感到自己无法用画笔表达出旖旎风景那包罗万象的变化，他不满足于一盒水彩颜色的涂鸦，他向往到更高的学府去深造。

十六岁那年，刚刚初中毕业的梁世雄毅然离开故乡，只身前往广州求学。那时广州有市艺专与省艺专，梁世雄就询问当时同时想报考的人，都说省艺专是广东省最高的艺术学府，于是他就决定报考广东省立艺专了。

当时的省立艺专就设在现在的光孝寺里面，正逢战乱时期，寺庙里没有僧人，全部搬走了，学校就在寺庙里找了一栋楼安住师生。那里有他向往的导师，有浓烈的艺术气氛，有像他一样对艺术非常热爱的莘莘学子。

1949年9月，他进入省立艺专，但是学习的时间也没有持续多久，10月广州解放，当时没有课上，不少人走了，就几个新来的学生与原先学校里零散的几个教职员工一起留守学校。1950年3月，广东省立艺专与广州市立艺专合并，成立了华南人民文艺学院，分出四个专业，文学、音乐、美术、戏剧。当时欧阳山出任学院的院长，他是延安的老作家，学校秘书长是陈残云。一夜之间，艺术学校变成了革命学校，不仅减免了学费，连住宿与吃饭都全部包办，还能领取助学金，学生们都欣喜异常。但是课没上几天，由于工作需要，全校师生被通知停课参加"土改"。

梁世雄总共参加了两次"土改"，第一次是在深圳宝安沙头角的沙头村。第一次经过中英街，一到晚上对比就很强烈，内地这边一片漆黑点着油灯，香港那边是灯火通明亮着电灯，而且当时驻港的英兵还不停地将强光探照灯打过来照射乡政府示威。第一次见识了外面的世界，给梁世雄带来不小的冲击与震撼。梁世雄在这次"土改"经历中学会一样东西，身在哪儿心也安住在哪儿，不允许画画，就安心做"土改"工作，不停地找农民讲政策，不去抱怨妄想，为他以后的学画与工作奠定了很好的心理基础。

第二次"土改"工作是在云浮山区的三都村，那里是云浮最贫穷的地区，一年都吃不上几顿饱饭，粥水里只有几粒米，梁世雄还因为长期食用木薯而患上水肿。因为有了上次参加"土改"工作的经历，这一次开展起来就有经验多了。梁

世雄一直坚持到最后。在这次"土改"工作中，梁世雄锻炼了胆识，敢在众人面前大声演讲，既不怯场，思路也清晰。而且在那里，他开始体悟一些艺术追求，中国传统的美德与新中国赋予的民族主义情感及集体主义思想开始融合，他虽没有拿起画笔，但是他开始思索一些画面应该结合的时代特色。生活中与农民打成一片的情感，也令他澄怀观照，注重在画面里融入感情，开始了一种"一棵大树、一个人生、一种境界"的思索。

上：2003年，梁世雄在逸品堂举办画展时，与一班美术兴趣班小学生合影
中：2002年，梁世雄与女儿、女婿合影于小洲村大画室
下：2005年，梁世雄与太太容璞为外孙女庆祝生日

二 / 师法前辈

"土改"工作结束还未回到学校,梁世雄还在云浮进行工作总结的时候,另一个转折点又到来。时任中央美术学院教授的胡一川从北京来到云浮市参加教师座谈会,梁世雄作为学生代表也列席会议。胡一川当时说,中央很关心华南的美术工作,决定办一个中南区的美术专科学校,定址在武汉,问大家愿不愿意去。胡一川带来的信息令师生们非常激动,所有人都表示愿意去。这个学校面向五省招生,广东、广西、湖南、湖北与河南,梁世雄渴望已久的再次学习绘画的机会又重新降临。

后来的经历也证明,中南美术专科学校为梁世雄的学画生涯打开了一扇窗,在那里,他开始接触素描水彩的基础训练,开始了他真正的艺术生涯。在省立艺专学习的短暂时间里,梁世雄只是扩大了自己学习绘画的视野,但是在中南美术专科学校,梁世雄能亲耳聆听艺术家们的教诲,能看到各种各样的原作,也认识了艺术上的种种流派,全面而系统地展开学习,比如古典派、印象派、野兽派以及中国的海派、岭南画派,等等。

这里面还有一段小插曲,"土改"回来之后,梁世雄一度想快点出去工作,理想就是当个小学的美术老师。因为学校恢复教学工作,黄新波是当时美术系的系主任,一恢复上课就要求学生自发填写志愿,可以各自申报读两年还是三年专科。

黄新波逐个找学生了解思想情况。梁世雄当时在所有学生中年龄偏小,他向黄新波表示,自己想读两年然后出去找工作。也许是看好梁世雄的画画底子,黄新波拒绝了梁世雄只读两年的要求,让他读三年。这个决定可以说改变了梁世雄一生的轨迹。梁世雄后来回忆说,这三年的学习太关键了,除了打下坚实的基础外,毕业后由于良好的绘画技巧及出色的学生干部工作,他被学校留校分配到国画系当教师。一直到1958年,广州成立了广州美术学院,梁世雄也一并跟随学校

左：1956年，梁世雄毕业于中南美术专科学校

右：1956年，梁世雄在留校工作期间临摹苏联油画原作

回迁继续担任教师工作。当时广州美术学院也是面向广东、广西、湖南、湖北、河南五省招生，教学范围比中南美术专科学校更为广泛，与当时的中央美术学院、浙江美术学院是并列的三大美术教育机构。从广东省立艺专到广州美术学院，梁世雄一直在学校学习工作，被后人戏称为几朝元老。

在中南美专读书的时候，由于梁世雄吃苦耐劳、努力勤奋，同学与老师都给予他极大的信任，选他担任学生会主席。在别人专心学习的时候，他还得多担负一份社会工作，但这并不妨碍他成为一个品学兼优的学生。三年紧张的学校生活转眼就结束了，学校要选派一些优秀学生出国深造，这个机会对于20世纪50年代的青年来说弥足珍贵，令人称羡。学校本来拟派梁世雄前往波兰留学，学习陶瓷工艺美术，但是在征求他本人意见的时候，梁世雄出人意料地拒绝了这个机会。梁世雄心里清楚，自己对中国画创作有浓厚的兴趣，并愿意以此作为一生追求的目标，虽然出国留学对于他们那一代人来说太难能可贵了，但是陶瓷艺术不在自己的兴趣范围之内，勉而为之难以持久。现在看来梁世雄选对了自己的道路，但是在当时来说真的不容易，因为20世纪50年代中期的中国画尚处于虚无主义的争论阶段，许多"中国画不能表现重大题材"之类的言论出现，所以中国画系在当时看来也是"名不正、言不顺"，只能称为"彩墨系"，由关山月、黎雄才两位导师挂帅，在中南美专成立了彩墨画系。尽管如此，梁世雄还是铁了心，宁愿在彩墨系当一名小小的干事助教，也不想出国去学陶瓷。就这样，从1956年开始直到1993年退休，梁世雄就没有离开过国画系。

自1956年，关山月、黎雄才两位大师创建中国画系开始，直到后来杨之光、梁世雄相继任系主任，近四十年间，中国画系始终贯穿着一个思想：博采众长、兼收并蓄。

那时候关山月、黎雄才先生每年都会邀请国内的名画家们来学院上课，示范讲演，曾先后请过北京的李可染、叶浅予、黄胄、李苦禅，江浙的潘天寿、程十发、陆俨少、唐云、谢稚柳、刘海粟，南京的傅抱石、宋文治、亚明，西北的石鲁等来学院讲学。梁世雄也得以亲耳聆听大师们的教诲，并亲眼观摩大师们娴熟的绘画技法示范，深刻体会大师们的创作思想，这些对日后梁世雄的国画创作，影响非常深。正如世人对梁世雄作品的评价："巧融南与北，秀丽复雄强。"

当时山水科有一位教授叫卢振寰，前来任教时已经是80多岁的高龄，他原来是广州市文史研究馆工作人员，属于国画研究会成员，在山水画方面的功力很深。那时风气很开放，没有所谓的宗派之分，黎雄才非常敬重并推崇老先生的画画技法，请他来上课。卢振寰传统的技法很好，随时都可以在课堂上画出来给学生看，人又随和，与学生的关系非常好，经常在课堂上笑眯眯的。卢振寰受聘来教学的时候是84岁，一直坚持教学到93岁去世，他每次来上课不坐车，都是走路，走路是他的养生方法。梁世雄有时陪他走回家的时候，卢振寰便一次次给他讲解历代传统名家技法、南派北派的区别在哪里。

黎雄才的学生李国华老先生也曾经在国画系兼任客座教授，梁世雄记得他为学生现场临摹都是一笔一笔毫不马虎，梁世雄自此也学会每次上课，先给学生从头到尾临摹一次。

1959年潘天寿来美院讲学，由关山月主持，请潘天寿给学生和老师讲讲如何题款盖印。潘天寿对题款盖章非常讲究，在他看来，一张画的题款，字落笔的位置，印章盖在哪儿，都包含很多的学问。潘天寿曾提出过他的主张，画国画应三三制，三分之一书法，三分之一画画，三分之一读书。这种提法对梁世雄影响极大，他后来花了很多工夫在书法上，就是受到老先生们的影响。

篆刻家黄文宽也曾来给国画系上课，他是梁世雄专门上门邀请来的老先生。20世纪60年代，黄文宽在广东省文史研究馆工作，他知识渊博，能讲又有修养，

1960年，潘天寿来广州美术学院讲课，前排右一为胡一川，右二为潘天寿，左一为梁世雄

曾写过有关《兰亭序》的论文，在全国得了奖。梁世雄与他交往比较密切，每次黄文宽上完课，梁世雄总要亲自将他送回到家门口。黄文宽刻图章很有名，在这一方面对梁世雄也有影响。他与梁世雄的交往中慢慢也看出梁世雄存在的一些不足。有一次黄文宽专门请梁世雄去他家喝茶，为他讲了八个字："知过必改，得能莫忘"，意思是你不要把自己的好经验丢掉。梁世雄自此很注意温故而知新，尤其是在书法与绘画上，梁世雄注重保留过往的写生与书法的练习本，时不时拿出来看看有没有进步，有些字写得好，不一定后面还能写出来，他在老先生的提点与自己的实践下也明白了，有时候书法与画画不一定能超越前个时期，跨越自己其实不容易。

李可染来讲课的时候，梁世雄也与他有过交往。那时李可染70多岁了，对前往拜访的梁世雄很热情，也很健谈。李可染与后辈聊天很随意，梁世雄向他请教技法的时候，他对梁世雄说："我画画很慢，想快也快不了，别人总觉得我量少而精，其实是因为我画得慢，尤其上色的时候，要慢慢加重，我画一张小画，都要一个礼拜，很多人认为这样很好，但是我却很苦恼。我羡慕下笔豪爽的人。只是我慢慢加，风格就比较厚重，整体感强一点。"

除了学习国画技法，关、黎二人还特别注重对学生的传统文化修养的训练。一直到20世纪七八十年代，广州美术学院国画系的课程设置中还保留着书法、诗词、古代汉语等课程，主讲的老师是从中山大学请来的名师，容庚、商承祚等人都曾成为广州美术学院的"座上宾"。

由于关山月、黎雄才二人不断利用各种机会邀请许多知名的画家前来讲学，梁世雄也得以吸收各家的优点。后来梁世雄回忆，在老先生们的讲学中，他一点点总结整理，形成自己在绘画上的一番见解，对此张绰在《岭南派画家梁世雄的艺术道路》一文里有比较到位的评述。张绰认为，梁世雄从关山月那里学到了构

20世纪70年代，梁世雄为学生画示范作品

图变化、取势，落笔大胆，收拾小心，即"笔未到，气已吞""剑胆琴心"，以及书法入画，重视"画眼"等长处；又从黎雄才那里学到落笔注意贯气、渲染、层次、浑厚，以及笔墨的变化多姿等技法。另外，梁世雄还从许多知名画家前来讲学中受到启发。如潘天寿，其画破常规，创新格，布局敢于造险、破险，笔墨浓重豪放，有金石味，色彩单纯，气势磅礴；如傅抱石，线条纵逸挺秀，设色沉厚，皴法融合诸家，善于将水、墨、色融合一体，达到诗意盎然的艺术效果；又如李可染，不仅结构新颖，气势宽畅，而且墨色整体性很强。学习这些长处，对于梁世雄日后跨出老师的门槛，创造自己的风格，还是很有用处的。

梁世雄的画作里有不少大画，他曾在很多场合表示过，之所以会创作大幅作品，主要是受老一辈艺术家的影响，有时候老人家随意一句话，对他而言却有豁然的启发。比如梁世雄第一次去香港见到赵少昂先生，两人在聊天中，赵少昂随意一说，自己这一生最大的遗憾就是画小品多，但是没有大的制作。那时候赵少昂已经80多岁了，梁世雄很疑惑，这个年纪创作几幅大画还是可以的。但是赵少昂的回答多少令梁世雄感觉心酸。赵少昂说："我已经80多岁，却没有多少闲暇的时间，要教不少学生，因为家里大小两桌人吃饭的问题，儿孙们上学的学费，都靠我的画与教学生来供应，我现在还处在为口粮奔波的阶段，没有精力腾出来完全专心创作，而大画的创作是需要心无旁骛的。"梁世雄一听之下，就暗中告诫自己，在条件允许的情况下，一定要放开手脚画点大幅作品。

而黎雄才先生很早就告诫过梁世雄，画山水画，一定要画几张大的，练胆。这好比指挥家指挥交响乐，不能总是指挥演奏一些小曲一样的道理。因为画过几张大画后，整个人的气派不一样，大画要控制得好是有很大难度的，小品则可以坐下来慢慢画。在教学的后期，尤其是退休后，各方面条件好了，梁世雄便抓紧时间画了一批大画，包括六朝松、胡杨、太鲁阁、阿里山。梁世雄画大画喜画联屏，

20世纪90年代,梁世雄在课室辅导学生

一是办展览时容易携带,二是有哪幅不喜欢的可以重画,灵活性大,不受限制。画大画前,梁世雄一般都先做小稿构图,而且将构图小稿做得很具体细致,有些构图小稿放了很久都没有画,还想着怎么修改再动笔。

除了用大画来表达气势和雄健的风格,梁世雄也擅长用小画来探索秀润、精致的东西。年轻的时候,梁世雄曾经到过唐云家里,看到他画的速写小画,深受影响,后来自己也订了很多册页去写生,画了大量的小画。梁世雄对自己的要求是能粗能细,能快能慢,能放能收。早期他画工笔人物、写意人物的时候,画过不少简练小品。他也画过不少花卉,因为觉得画花卉对画山水有好处,写意花卉是放得开的,笔墨很讲究,画花卉后再画山水,用笔可以更强烈,更放开。简练小品与大制作是互相影响,互相吸收的关系,不管是山水,还是花鸟、人物,在梁世雄看来,就是意境、造型和笔墨。画小品,用到大制作里面,小人物、小动物也很重要,那是画眼。

三 / 走南闯北

说到"巧融南与北,秀丽复雄强"这个特色,梁世雄还得益于黎雄才老师的提点。那时南北画家的交流比较频繁,在北京颐和园万寿山对面一个半岛上,有一处楼阁叫藻鉴堂,当时中央准备在北京筹备成立中国画研究院,所以经常组织全国有影响的画家在藻鉴堂中国画创作室交流创作,希望借此创作出一批国画,作为国家赠送给国宾的礼物。黎雄才老先生也曾在那里交流创作过,比较认可这种画家之间的交往提升方式。他经常说,高剑父先生时不时对学生说:"你们不要像我,要吸收各家的东西,兼收并蓄,要胜过我。所以你们也不要只关注我的东西。不要管是哪一派画家,有机会接触就学习,不要受派别的拘囿。"黎雄才先生觉得在北京视野开阔点,对梁世雄是种很好的历练,写了一封亲笔信给当时的筹备组组长黄胄,推荐梁世雄前往那里画画交流。1980年春,梁世雄应邀前往,在藻鉴堂待了一个多月,从冬末到春初,看着藻鉴堂从四周一片枯黄到桃红柳绿的变化。在那里,梁世雄每天都与各地画家一起画画,除了北京画家,还有来自陕西、浙江、四川、东北等地的画家,他充分地利用这个机会广泛地与南北各地画家交流心得体会,吸取各家所长,互相切磋。当时看的都是一个个小年轻,如今也基本都是很有成就的人了,比如王明明(现北京画院的院长)、崔如琢、马振声、刘勃舒、齐白石的弟子许麟庐等。当时的交流很随意,又融洽,基本都是当场作画,别人就在旁边看着切磋,画好随手就送。

在藻鉴堂期间,梁世雄与其他画家的交流中不乏一些有趣的小故事。有一次,黄胄拿了梁世雄一幅西藏小景《雅鲁藏布江畔》,由于时间有点赶,来不及当场作画相赠,便许诺以后送一幅人物画给梁世雄。但黄胄很忙,直到梁世雄定下离京返穗时间时,黄胄还未画好。梁世雄就跟黄胄的女儿开玩笑说:"我明天就走了,这幅人物画啥时给我呀?"黄胄女儿说:"你放心,我爸爸说话算话的。"第二天早上8点,黄胄一早来到藻鉴堂画室,当场给梁世雄画了一幅人物

晨渡 1999年 68 cm×68 cm

1978年，梁世雄（左起第四位）与广东国画创作组成员同登长城

画，很多在旁边观赏的人都想要，黄胄说："不行不行，这是给老梁的。"拿上画，梁世雄就匆忙上车赶往机场了。

还有一个故事，刘勃舒与梁世雄在藻鉴堂也交往频繁，刘勃舒为人朴素，那时整天穿着工人服。有一次刘勃舒对梁世雄说，他画了一天马，没有一张令自己满意的，梁世雄让他晚上到房间来切磋。当时刘勃舒在梁世雄房间里连画两张大马，第一张不满意，梁世雄向他索要，他不同意，也不愿意签上自己的名字，第二张满意了，他才签名送给梁世雄。梁世雄又请他画小马，他非常诚恳地说："我画大马很熟练，但是对小马没有研究，一般小马几笔就勾勒出来，估计是在马腿的动作上下功夫，但是我画得很少，知之为知之，不知为不知，实在不敢乱评价，也不敢乱画。"在交流中，梁世雄发现刘勃舒画马是下了很多功夫的。梁世雄问他是否画了很多马的速写，他说不是的，主要是观察、理解。刘勃舒师从徐悲鸿，比较讲究用笔精到。后来梁世雄在与他切磋的基础上进一步专门研究，怎样才能把人和马画得活，怎样用笔，因为有了交流经验也多了很多。除了用笔，还要抓住四条腿的特点。四条腿画好了马就跑起来了。虽然后来梁世雄专心山水画创作，但是他对于一些小人物和动物的训练还是抓得很紧，因为这是一幅画的画眼。

就是在这样宽松的环境下，画家之间交流朴实而真诚，很多时候，北方的画家都让梁世雄画南方的榕树与他们交换作品，彼此乐此不疲。南方画家的表现手法比较注意细腻变化，北方画家的手法较为刚劲粗犷。梁世雄除了在藻鉴堂与画家们进行交流，还经常拜访一些画家，比如李可染、唐云、娄师白等，这些画家都很勤奋，一面聊天，一面不停地画画，梁世雄得以看到很多画家的用笔，谦虚地讨教，从其他画家的表现手法上获得启迪，进一步丰富了自己的技法，可谓"融汇南北，自成一家"。

遥望喜马拉雅峰 2000年 70 cm×68 cm

1956年留校教学后，梁世雄开始了繁忙的教学工作与写生创作，两头兼顾，未曾落下。"文革"期间，他曾被下放干校，当过犁耙手，但多数时间，他还是能比较自由地进行创作。那时候，关山月、黎雄才先生都特别强调源于生活又高于生活的创作思想，在教学上重视写生创作，要求国画系的师生每年专门腾出一段时间深入生活，搜集素材进行创作。黎雄才创作《武汉防汛图》的时候，一次次在波涛汹涌的堤坝上来回奔波写生，才有那么波澜壮阔的作品面世。这是从"二居"到岭南派的传统，也是新中国美术的重要特征。而梁世雄受关、黎两位老师的影响，一直笃信写生是艺术家的一种再创造。

圈内很多人都知道，梁世雄的作品画如其人，不会炫耀，他老老实实几十年如一日在钻研，功力也是一步一个脚印逐年深化，其中有一点，就是受益于几十年的写生创作。

梁世雄有一方常用印，文曰"自然为师"，一语道尽画家的治艺方略。"自然为师"，也就是"外师造化"的同义语。梁世雄认为，在伟大的大自然面前，灵慧者得其神髓，顽劣者得其皮毛。

2009年，梁世雄曾出版过一套《搜妙创真——梁世雄山水写生作品集》的山水写生作品集，数百张创作年份跨越几十年且充满地域特色的作品，如实地记录了画家游历过的名山大川。可以肯定地说，当代老一辈山水画家中，梁世雄跑过的地方是最多的。从青藏高原到南海之滨，上黄山、游三峡、登峨眉，随便拿起一张，质量上乘，水准划一，令很多人叹为观止，不少人对此高度评价。比如林墉在《我爱写生》一文中提到，梁世雄先生的写生，应是范本，细细品读，前后仰观，即是一景，无景不妙，妙在景景！景景来处，即是写生！ 王艾在《造化于心，笔下有源——读梁世雄山水写生》一文中叹道：梁世雄老师的写生作品虽多名为"速写"，但画面的大气严谨、用笔的变化多样，比起大型画作亦毫不逊色。

怀集写生 1963年 21.2 cm×30 cm

而记录瞬间带来的真实观感，比起长期创作则更有着不同的新鲜感受，同时对现实场景的观察入微，无论是峰峦流水的穿插，还是亭台楼阁的勾勒都非常严谨细致，透着一股从容的味道，这种效果没有深厚的功力是无法实现的。

拿梁世雄几十年如一日的写生创作，来相比如今有些人的创作，就显得弥足珍贵。如今游历写生的实在少，多是咔咔照相，既缺乏临景而写的观感，也淡去对画面如何再生的快速布局思虑，梁世雄的这一批写生作品，都是直接在纸本上，用毛笔画就，以自然为师，磨练了画家敏锐的观察能力，只在乎求精，搜妙创真，画家又得根据此情此景融会进去自己的亲身感受，所谓"即景生情，有感而发"。如果仅仅只是照相，便少了应有的深刻、没有了再生的激情挥洒。因此，一幅好的写生或速写，本身就是一幅精美的艺术品，即使是在摄影技术已很发达的今天，写生的意义和艺术价值也是无法代替的。

20世纪五六十年代，梁世雄带学生去很多地方写生，足迹踏遍南国土地，不仅到访西樵山、罗浮山、丹霞山等名山，还去过不少有南国特色的地方，比如中山、新会等，那里能看到沙田地区，也能观赏到珠三角水乡韵味。

1963年，梁世雄率国画系学生下乡到怀集写生。这次的写生经历梁世雄至今记忆犹新，因为这趟行程中集了一本怀集写生的册子，里面有很多严谨、精细之作。怀集这个地方小而精，雨后多烟云，山峰润泽有水汽，树石亦造型奇特，非常适宜以传统笔墨来表现。梁世雄回忆，当年写生均轻装上阵，笔墨纸砚不便携带，便以宣纸制小册页，再把研磨完毕的墨汁注入小油壶中，随身带着。每遇到美景，马上用毛笔蘸上浓淡墨色，迅速在册页上直接写就。整个过程得心应手，一气呵成。回来之后每次再看这册写生集，发现竟然无从修改，也不需再润色。

另外还有一册水乡写生，也是写于1963年，当时梁世雄率学生到中山横栏、新会等地写生。这里的特色就是巨榕多，而且大多是独木成林，须根落

抽纱 1959年 180 cm×68 cm

地成树，枝叶遮天，禽鸟于其中筑巢衍息，生机勃勃，颇为有趣。梁世雄著名画作《小鸟天堂》（入选《中国美术全集》）即源于此。中山沙田也是一景。站在小山头上远眺，只见寥寥数村舍，碧绿沙田蔓延至地平线处，竟望不到边。沙田本是人为的景色，可借天时地利而形成的浑然的美丽是其他地方不可仿造的。梁世雄当时在此所作的写生稿，都是取自近及远之势，以平远构图为主。如今这些写生稿所记录的影像，都在经济大潮中无声消逝了，农舍与沙田的余韵难觅，唯有在水乡写生的画像中，去品味昔日的静谧。

20世纪60年代初，人们普遍认为，表现现实生活，山水画和花鸟画不是主流，当时很多的画家致力于人物画的创作，梁世雄也不例外。他以极大的热情投入到人物画的创作热潮中，当时他的几幅代表

归渔 1959年 150 cm×86 cm

作，都给人留下颇深的印象。如《归渔》，以其淳朴、健康、美丽的渔家女子形象和那南方姑娘特有的炯炯有神的大眼睛打动人心；而另一幅《抽纱》，则描画一群年轻的潮汕姑娘在紫藤花架下边刺绣边窃窃私语，画面充满了诗意。《椰林秋晓》是描画几位身体健康的渔妇在椰树下织网的情景，都具有浓郁的南国特色。这些画作先后被选入《当代中国人物画选》《中国现代人物画精选》《广东美术作品选》以及其他画册中，而梁世雄的名字，也被列入人物画家的行列。这一时期，他对人

水乡写生（1） 1963年 26 cm×37 cm

物画的摸索及努力钻研，为他日后的山水画作品增添了更多的生气。例如《雪山跑马》《高原江南》《嘎拉湖畔》《雪岭初春》《昆仑山下》以及《水乡夏日》《雅鲁藏布江畔》等作品中，藏族青年男女的英姿，河畔珠江少女美丽的倩影，都在他的画面中反复出现，使他的山水画更富有生气，增添了新意并起到画龙点睛的作用。

如今看这些早期的写生作品，我们不仅可以看到梁世雄在人物画方面所做的努力，还可以借由画作来探索画家在写生中所领会到的描绘南国风光的看家本领。张绰在《岭南派画家梁世雄的艺术道路》一文里，有非常到位的阐述。他指出，《水乡五月》是写荔熟蝉鸣时节水乡硕果累累的丰收景象。那压弯了枝条的荔枝树，那一船船满载而归的荔枝，那新建的两层楼房，那带着笑意的群山，那脉脉含情的江水，处处都洋溢着欢乐的喜悦，画家描绘一幅幸福的春夏之交美景，不用标明年月，这样的水乡美景，出现在改革开放之后，出现在农民真正得到自主之后。《小鸟天堂》，这是巴金在散文里曾经描写过的场景，现在画家笔下不同的是，在那棵千百年的巨榕下，出现了几只小艇，艇上满载着农产品，是水稻、是香蕉，还是别的瓜果？画家只是用绿色轻轻一抹，让读者自己猜去。但是，你可以感受到那几只小艇吃水的分量，仿佛可以听到姑娘们喧哗的笑声，它惊动了榕树上的白鹭，它们也拍着翅膀叽叽喳喳地飞起来。如果你再细看那榕树，那苍劲古朴的书法金石味，实在足以把玩半日。但是，最有诗情画意的还要算《葵林曲》，它把观众带到了浩瀚的葵林，带进了水天一色的美妙世界。那水墨的功夫，那湿润的葵叶，让观众站在画作面前都似乎能感受到透过来的阵阵凉意。还有竹林摇动、小鸟飞翔歌唱的《晨曲》，山清水秀、船工摆渡忙的《春江晨渡》，以及峭壁雄伟、水瀑飞泻、林舍疏落、水船静泊的《江村如画里》等等，都是以概括的手法、精细的笔致、调和的色彩，描绘了南国江山美妙动人的景象，令人看后如喝醇浆，如痴如醉。

如今的梁世雄是著名的山水画家，曾几何时，他也在人物画与山水画之间踯躅不定，但是命运的一个契机，就帮他选择了道路。1965年一个难得的机会摆到梁世雄面前，梁世雄、刘济荣及浙江美术学院的姚耕云、杜英信等四位画家，应文化部邀请，参加了中央代表团赴西藏慰问活动，据说在当时算是最早进藏的山水画家了。梁世雄写生早期，虽然辛苦，但是由于各地都还未开发旅游，所以写生环境也优越很多。当时西藏保持着极其原始的生活状态，在访问西藏期间，他都得以一一了解，还看到一些牧民未能摆脱农奴的生活习惯等场景。新中国成立前，徐悲鸿、高剑父也遥望过喜马拉雅山，那是从印度境内瞭望的。在梁世雄之后，也有一些画家去过西藏，但关注的大多是寺庙、礼佛的题材。而梁世雄笔下是西藏的风光、西藏人民的真实生活和雄伟神奇的喜马拉雅山。

那时西藏自治区非常的原生态，梁世雄是长期生长在低海拔地区的南方人，可是上天垂顾，他适应四千多米高的高原气候居然比其他人都要好，当其他人花精力在适应高原气候的时候，梁世雄早已投入了写生活动。梁世雄一行四人在山南待了一个月，又走马观花用三个月时间跑了大半个西藏。那时吃住就在寺庙里，藏民非常单纯，还能接触到曾经的农奴。他们时不时去藏民家拜访，去农区、牧场、喜马拉雅山脚的中印边境参观。当时他还没有能力购买一部相机，所以到哪儿都只能一笔一画地记录，高耸入云的布达拉宫、绮丽的罗布林卡、白雪皑皑的世界屋脊喜马拉雅山、宽阔的一望无际的草原、以高原江南著称的山南地区、喜马拉雅山脚的原始森林……这一切景色给梁世雄留下深刻印象，他不停歇地画满了一本又一本的速写本。

有时候站在雪山的山口处写生，梁世雄被眼前的坡岭沟壑的冰川场景给震慑住了，看到如此雄伟壮观的景色横在眼前，当然不能放过这个难得的写生机会，他独自一人沿坡向上斜行，想取景时尽量走得近一点，恨不能零距离接触冰川。

左：1965年，梁世雄随中央代表团赴西藏创作，摄于西藏布达拉宫宫顶

右：1965年11月，摄于藏北草原

但山口气候瞬息万变，有时刚上来还能沐浴着灿烂的阳光，不一会儿便狂风大作，冰雪交加，只能抓紧时间画画。有一次也不知过了多长时间，梁世雄只感到手开始麻木，全身哆嗦，这才意识到什么是冻僵的感觉了，方拖着几乎冻僵的腿挪下山，等到温暖一点的地方才慢慢恢复过来。有常识的人都会意识到这其中的危险性，但是艺术家的执着，有时候会表现出对现实的错误判断。

回来后，梁世雄等四位画家在北京西藏办事处呆了五个多月闭门画画，西藏自治区领导、中国美协副主席华君武等都来审画稿，提意见，最终梁世雄画出了一幅《雪山雄鹰》，挂在人民大会堂的西藏厅。回到广州后，花了十来年的时间酝酿，他又陆续创作了《喜马拉雅松》《霜叶红于二月花》《高原秋色》《白云下面马儿跑》《布达拉宫》等作品，都如实地记录了这段多姿多彩的西藏写生生活。其中《喜马拉雅松》一画，画家追求国画的笔力表现，即以坚实的笔锋绘出松树苍劲的枝干，线条都是以浓墨勾出，力透纸背。在梁世雄眼里，西藏的山十分宁静，天异常明亮，人分外淳朴；西藏的天地、山石树木、人和谐质朴。西藏是一片"净化"之地，那里，人们有最低的物质需求，但却有最高的精神追求。梁世雄将西藏风情作为画作的主角，希望能画出西藏的吉祥，展示西藏的美好，让人们向往西藏，降低过贪的物欲，让内心纯净下来、安静下来。

西藏写生回来后，梁世雄悟出一个道理："深入生活"关键不在于时间的长短，而在于你用什么样的感情去观察生活，用什么态度去表现生活。梁世雄在这个时期总结出一句用以激励自己的座右铭："搜妙创真"，艺术家不仅要善于发现生活中的美，更要努力创造艺术的美。西藏四个月的写生生活，在一定程度上扭转了梁世雄的主创方向，自此，他开始向着山水画创作全力以赴。

结束了西藏之行，梁世雄归途中经过敦煌，他冒着零下二十摄氏度的严寒，克服手足冻僵的疼痛，蘸着墨和开水，在石窟里观摩、临摹敦煌壁画，这些人类

布达拉宫 1965年 33 cm×43 cm

艺术的瑰宝对于他提升创作水平大有裨益。

西藏的创作任务一完成,就赶上了那场"文革"风暴。一切都被否定,人们迷茫了:"到底该往哪里去?"梁世雄与几位老师一起骑着自行车,由广东到福建,经江西再到湖南,去革命圣地"串联"。这次艰辛的自行车之旅既磨练了他的意志,也锻炼了他的身体。与此同时,作为一个山水画家,他亲眼看见了"庐山真面目",看到了巍巍的井冈山以及雄伟的粤北风光。艰辛的生活,却带给他对中国名山大川的亲身感受,也更坚定了他走中国山水画创作道路的决心。

去过黄山的人都知道，黄山的景色太美，变化多端，每个季节都不一样，下雨晴天又不一样，这种千变万化的景象，是每个搞艺术的人都非常想见到的。所以山水画家，都像朝圣一样，一辈子至少要上一次黄山。

在梁世雄的写生生涯中，去的次数最多的当数黄山，前后总共去了四次。第一次上黄山是1957年，也是梁世雄第一次与黎雄才老师出去写生。那时候黄山还完全没有进行任何旅游开发。黎雄才先生带队，自己也一马当先上了黄山。梁世雄从武汉坐船去芜湖，住了一晚，第二天坐车到了黄山脚下的桃花溪，又在那里住了一晚才上的黄山。上黄山的时候，不像现在有缆车乘坐，一路都是靠手脚并用攀爬上山。途中遇到大雨，他与几位老师就在玉屏楼躲雨，数一数，总共只有12个人。荒山人少，大家都有点戚戚然，放在现在真不可想象，但那时这样的条件对写生来说却是难得的，因为没有人流，任何场景都可以快速画下，也可以慢慢琢磨。当晚梁世雄夜宿玉屏楼，连绵阴雨直至次日傍晚才停止，为了体察雨雾烟云变幻的景色，梁世雄一口气走了两个多小时险峻的山路，登上天都峰顶，唯见云烟四起，群峰时隐时现，气势磅礴，景象万千。时至今日创作黄山烟云的作品时，梁世雄心中还充满着当时的激情，那千变万化的山峦起伏，波涛汹涌的云海，给自己的创作增添了不少的灵感。

梁世雄说起这段经历，反复提及关、黎两位老师，那时候跟在关山月、黎雄才先生身边，发现两位老先生很勤奋，又严格，去到哪里都是当场画，当场完成，如此言传身教，学生也就不敢偷懒，所以梁世雄一开始就以严格的要求来规范自己。

第二次上黄山，是1980年从北京藻鉴堂画画返回的途中。梁世雄一个人上黄山，请了一个当地的老导游陪他一起上山，一边登山一边画，后来到了光明顶，索性就在那里住下，一住就是两周。当时那里还住了一位《安徽日报》的摄

梁世雄（中）与安徽画家王涛（左）、浙江画家何水发（右）相聚于黄山

影记者朱峰，还有梁世雄带的研究生。梁世雄每天带学生出去写生，朱峰也跟着他走，后来出版了一本黄山摄影集。梁世雄大部分时间用来观察黄山的石头、山势、树木、烟云、色彩的变化，当时体力眼力均佳，只想尽量多地搜集材料，画得也格外细致。下山的时候，梁世雄在紫云楼居住了一小段日子，正好碰到了赖少其先生、范曾，还有一群上海美专的学生。这群学生的老师不愿意在学生面前画画，这群学生就每天等着跟梁世雄一起出去写生。赖少其当时任安徽省委宣传部部长，当时他有三个月的创作假，他见到梁世雄也是广东人，觉得异常亲切。赖少其天天出外用毛笔写生，他让梁世雄将写生本拿给他看，还赠送梁世雄一幅自己亲笔题写的"取其精者"的大字与一幅小插页。后来赖少其解甲归田回到广州，每次开会时远远见到梁世雄，就朝着他喊"紫云楼"，名字记不得了，但是记得与梁世雄在黄山紫云楼写生相遇的情境，印象很深。

第三次上黄山是1996年秋天，梁世雄接受了国务院和中国美协的邀请，和全国十位老中青画家齐聚黄山，为国务院中南海紫光阁贵宾接待厅绘制巨幅国画。那一次上去，到黄山旅游的人已经不少了，只能安排在山上居住两晚就匆匆下山。但在短短的十多天里，梁世雄完成了《云峰叠嶂映松涛》的巨制。此画以丈二宣纸绘制，气势雄伟，用笔粗犷豪放，它的完成不单是技法、构思和构图上的一次尝试，也是对梁世雄在体力上的一次考验。

第四次上黄山是2004年，广东省文史研究馆组织画家前往黄山写生，这次游客众多，画家们坐缆车上山，走一小段路就匆忙下山，在黄山待一天时间都不到。但回来之后，勤奋的梁世雄还是创作了《云瀑》《松峰飞瀑图》《山水有清音》等作品。

1996 年，梁世雄为国务院紫光阁贵宾接待厅画巨幅国画《云峰叠嶂映松涛》

　　张绰对梁世雄黄山系列作品有比较详细的分析阐述，他在《岭南派画家梁世雄的艺术道路》一文中提到，梁世雄对黄山的写生，尤其偏爱黄山的云烟美景，比如他的画作《黄山之晨》，近景是石山、奇松，远景是几笔淡色的山峰，它之所以淡，是因为清晨的薄雾弥漫，远看似有若无。再细看，就在近峰的山谷之间，已经涌起了阵阵的云烟，它似在翻腾，似在往山峰升起。黄山的早晨万籁俱寂，然而万物苏生，一切生命都在躁动，就连那白云也在飘飞卷动。画家的这一精细观察，透露了黄山之晨是一种欣欣向荣的景象。另一幅《泼湿黄山几段云》，近景是泼墨的山巅，树林也是粗笔的写意，它要突出的是云彩。这云，近处拥簇滚动，似乎想把山峰推走；远处浓密漂流，又像要把黄山团团围住。这种意境，就像动画片，把群峰矗立的黄山，通过云彩调动起来了。《云涌奇峰》在取景构图上又做了变化，近景是变幻着的云烟，中景是陡峭的高山，远景的山外又是迷蒙飘忽的云彩。画家在画上题曰："昔游黄山，雨后登天都绝顶，回望玉屏莲花诸峰，有此意境。"这种意境，正是雨后云烟，虚无缥缈，变幻莫测。这种饱含着东方美学的意蕴，正是中国艺术家的独到之处。再看看《数峰秋色立斜阳》，也是写黄山，也是写云烟，但它抓住"立斜阳"构思，受光的山石用颜色来表现，以色破墨，吸收西洋画表现光的方法，显得自然而又奇美；山峰用颜色勾线，主要表现斜阳的光，这里吸收了多种书法用笔线条，显得很湿润。这斜阳照射的山峰和迷蒙卷动的云雾，不仅颜色对比强烈，在构图上也显得气韵生动。梁世雄几次黄山之行收获不少，他的佳作还有《云起黄山别样奇》《云绕莲花峰》《天都奇松》《玉屏雨后》《黄山云海》《黄山朝雾》等等，这些作品都表现了动态黄山的诗意，展示着生生不息的图景，描绘着心灵向往的境界。这种纵

1980年，梁世雄第二次登黄山写生时

情写意的水墨，熔时代精神于真山水中冶铸自家面貌，常能使观众感悟到梁世雄对大自然和人生的强烈的爱。

在对山的速写中，梁世雄锻炼了自己对章法布局、选材构图的判断能力，乐在其中的他，不知不觉中提高了自己的修养与见解水平。要将数里甚至数千里的景色，集中于一个画面当中，很多时候并不容易。正像南朝宗炳所说的，"竖划三寸，当千仞之高，横墨数尺，体百里之迥"，就是要求在有限的画幅中表现无垠的空间。宋代郭熙提出"高远、深远、平远"，后来韩拙又提出"阔远、迷远、幽远"，都集中强调一个"远"字，就是空间感的问题。因此在山水画写生中，梁世雄特别注意居高望远，习惯于把整个画面推远来画，纵览全局，根据自己的感受以选定构图。有时近景也可以推到中景来画，所谓"以大观小"；有时也将远景拉近来画，就是"以小观大"，这样使得画面的境界更加开阔。在这样的反复练习中，梁世雄琢磨出自己的一套空白布局的理论，运用自如，常常用之来体现烟云阻隔或前后层次，以此让画面更加空灵，境界更广阔。

除了远观取势，梁世雄还注意近看求质，对于大自然的一山一水、一树一石，都做深入的观察研究。比如画山景，他既表现高耸入云的群山，体现气势磅礴、波涛起伏的峰峦，有时又要走近去观察一树一石，以了解各种树木的生长规律、造型特点和各种典型的山石结构。宏观兼顾微观，是梁世雄一直身体力行的。写生创作中，他如此兼顾细节，就是为了在创作中达到势质俱盛，这也是中国画创作的重要特色。比如将黄山的奇松、三峡的石壁、峨眉的树丛等等，放在大幅的山体背景之下，创作大幅国画的时候，就尤其感觉充实。他也一再告诫自己的学生，不要只画一些大的空洞的构图，对局部观察研究不深，甚至根本忽视局部典型形象的刻画。反之只注意局部勾画，忽视整体感受的构图练习，在创作大画的时候就会感觉吃力，出现空洞无物、概念化、程式化的现象。

黄山四千仞 1980年 136 cm×68 cm

早期出外写生，梁世雄没有相机配备，但是这也给了他一个相当大的好处，就是训练自己的技艺和默写功夫。像烟云变幻、烟雨迷蒙等大自然瞬息万变的景象是很难捕捉的，速写很多时候根本就来不及，这时候，梁世雄就会停下笔，依靠敏锐的观察力来记忆。所谓胸中丘壑、笔底波涛，全凭在生活中的感受体会而来。这样训练的好处就是，让他能敏锐抓住每处景致的特色，用不同的手法去表现宇宙万物的景象。比如黄山的雄奇包括青松、峭壁、群峰、烟云变幻等，而峨眉天下秀，其中树木苍郁又是很重要的因素。

松峰叠翠起云涛 1996年 68 cm×136 cm

松风万壑——梁世雄小传

四 / 外师造化

　　山看了很多，有的险峻，有的雄伟，有的秀丽，变幻无穷，但出生在南海之滨的梁世雄，却没有见过大海，更没有在海上生活的体验。1972年，一个前往西沙写生的机会摆在梁世雄面前，这一次，梁世雄随着南海舰队前往西沙群岛。他们出海时乘坐的护卫舰正遇上十二级大风浪，狂涛怒吼，许多人都晕船了，梁世雄也只能将双手双脚撑在船舱的架床上，一动也不能动，一心期盼能早点登岸。不过，当风浪过后，望着那碧蓝的天空和深蓝的海洋衬托着飞翔的海鸥，还有岛上特有的羊角树和栖息在枝头的白鹭，梁世雄的热情又被激荡起来。初步观察和描绘大海，为梁世雄日后创作多幅表现大海的作品，增添了新的生活源泉。

　　要想成为真正的山水画家，就必须付出艰辛的劳动，具备坚强的意志和毅力。那个年代前往外地写生，交通不便，舟车劳顿在所难免，有时为了某个特定的取景，还要在狂风烈日、严寒酷暑的那一刻前往。梁世雄常常提到，"九十九分汗水，一分灵感"。长江流域多奇峰大川，其中又以三峡为奇中之奇。1981年，梁世雄获悉葛洲坝即将动工，他担心日后难以再见三峡的奇景，于是毅然前往长江写生。那时候得遇一朋友相助，帮他打通了长江船务管理局的关系，他得以朝登江舟，每看到一处合自己心意的美景就即刻背着行囊下船，夜宿农家。这样奔波了数月，积累了满满两大本写生稿。从西陵峡一路上溯，将西陵之险峻、巫峡之变幻、瞿塘之雄崛的身姿在其消逝于江流中之前用寥寥数笔记录下来。那时候，他日间行走绝壁栈道，对景写稿，江水于脚下数百尺处咆哮而过，仍浑然不觉。江船之上偶有游客见他身处险地，不禁惊呼。虽旅程艰苦，茶饭粗简，但梁世雄觉得其中之乐无穷尽。就在这个过程中，他摸索出三峡石壁峭立，脉络变幻多端，宜用笔奔放，大胆皴擦；而江水奔流，顷刻即过，又须多加观察掌握规律。

　　同时由于有些时候速写是在乘船行进过程中争分夺秒画出来的，梁世雄也留意到山水画在构图上有很大的灵活性，在观察方法上可以不受固定视点的限制，

南津关望西陵峡口（写生）1981年 26 cm×37 cm

即"山形步步移""山形面面看"。视点可以左右上下移动观察，然后概括集中在一个画面上。像乘船过程中画下的画面，随着视点的移动而组织画面，效果往往更加丰富和生动。"三万里河东入海，五千仞岳上摩天"，梁世雄常常感叹，山水画家要有诗人的浪漫精神和广阔视野，章法布局上就完全可以学会变化多端。

以往水纹是诸多画家不敢涉及的题材，因其繁复难以掌控。梁世雄则不同，越难他就越要克服。他常常在险峻的古栈道上走半天，精疲力竭时坐在绝壁上，举目四望，唯见浩荡的长江急流，在脚下滚滚东去，心情非常激动，以至忘却了疲劳，一画就是大半天，完成了许多峡江急流的速写。有时甚至整天坐在长江岸边，凝神观察，体会长江水流动的规律，探索运用线条表现江水奔流的气势。不久之后，他为了让研究生也能亲临三峡现场将如画景色留在记忆中，又带着学生循着之前的足迹，再一次到长江两岸去写生。回来后就创作了成名作《不尽长江滚滚流》。如今他重新翻看此册，一生创作于其中获益良多。只可惜三峡犹在，江景已逝，汹涌的江水更是不可多见，三峡段如一平湖，像当年那样写生，亦不可复得。

游历峨眉山的时候，梁世雄也是手脚并用攀登海拔五百四十多米的金顶，下山时更是从清晨走到黄昏，山路崎岖不平，阴雨路滑，当到达清音阁时，天已薄暮。但面对牛心亭那幽美迷人的景色，他又忘却了疲劳，急忙抓住瞬息的时光，完成《峨眉清音阁》这幅写生。

在山水的写生中，梁世雄一步步地揣摩，敏锐地观察，融入自己的感悟，做

到物我交融。有一次他赴湘西写生，到了永顺县的黄村镇，发现那里景色宜人又富有山区古镇的特色，因曾在那里拍电影《芙蓉镇》，小村落因而出了名，不少游客慕名而至，每天参观者络绎不绝。整个村庄依山临江，水碧山青，流泉飞瀑绕村而过，的确是个可游宜居的好地方。梁世雄在那儿观赏良久，恍然有悟，想到唐朝李白的"江城如画里"的诗句。根据当时的感受，对自然景物集中、取舍、概括、组织成《江村如画》的速写，回来后，进一步提炼成"江村如画里"的中国画。这种根据生活感受，在写生基础上提炼而成的山水速写，对画家日后的创作起到非常大的提示作用。从生活到艺术，是个艰巨复杂、探索创造的过程，梁世雄深深明白，有时即使是画幅不大的小品，也要经过反复锤炼，精益求精。在写生中

不尽长江滚滚流 1984年 180 cm×392 cm

的醒悟尤其重要，从平凡中发现不平凡的美，能够有自己独特的发现，才能够摆脱前人。当然，这种发现既需要画家有炽热丰富的感情，也需要有深厚高尚的素养。所以，梁世雄一直都很注意学诗词，从诗词中吸取养料，学习诗人如何敏锐地观察大自然，如何感情充沛地讴歌赞美天地的造化。因为早早在实践中明白了中国画掌握对景写生只是第一步，也是最基本的一步，画家自然就会有意识地通过写生锻炼，提升自己观察和表现对象的能力。但更重要的是，锻炼自己对生活的敏感，善于发现生活中的美，进一步创作艺术的美，只有美的感情，才能产生美的艺术。

五 / 宝岛掠影

2002年，广东省文史研究馆组织代表团前往台湾考察，梁世雄也在考察团行列之内。在那时候，去台湾还是很难的一件事，黎雄才先生也很想跟太太一同前往。但是那时候台湾当局不想让名画家前往，专门设置了门槛，要黎雄才先生提供结婚证书。在黎雄才先生结婚的那个年代，还没有结婚证书这个东西，黎雄才提供不出来，就被拒签了，黎雄才对此很是遗憾，一辈子都没有到过台湾。

梁世雄前往台湾前，专程去拜访黎雄才，当时广东画坛尚未有人画过涉及台湾的山水风光题材，听到老师的感叹，梁世雄下决心回来要画两幅台湾风光的大幅作品。在台湾游览了不少地方，有两个地方给梁世雄留下深刻印象。其中一个是太鲁阁，太鲁阁最大的特色为峡谷和断崖，原始森林面积广阔，生态环境也非常的复杂，车一直行走在险峻的山路上，路非常窄，也很险。一路走，一路还要与前面路段用各种信号联系，一旦遇到会车情况，就要在路边停靠，等一车先过才可以继续前行。那一段行程，虽然是坐车不停地在山里环绕，梁世雄只能看到山路对面的山体情况，但还是给了他很大的创作激情。从台湾回来之后，他创作了《太鲁阁激流》这幅画作，画面就是靠一路的观察加以揣摩想象画出，尤其是画中的云和水，几乎都是靠想象来画。后来这幅作品在北京全国文史研究馆馆员书画展中展出，被挂在展厅最显眼的地方，这是对画家画作的最大肯定。这个地方，是竞争最激烈的展厅位置，很多省都想把自己省里画家的作品挂在该处。很多参观的人都对台湾题材非常感兴趣，尤其喜欢画中的云与水的落笔构思、水波打转的笔法，都向梁世雄请教。梁世雄总结经验，最深的个人体会就是，山水画不能回避水的创作，现在很多人画山不画水，因为水难画。但是梁世雄觉得越难画的事物就越要去面对，画多了画久了就会发现，水也是有规律的，摸索多了总能出成果，坚持画下去就能比较好地掌握其中的技法，继而熟能生巧，继而变化多端。

2006年，中央文史研究馆举办全国文史研究馆馆员书画展，梁世雄（左一）于画展上与许嘉璐副委员长（左二）等人合影于作品《太鲁阁激流》前

　　去台湾第二个留下深刻印象的地方便是阿里山了。当时去到阿里山的时候正好下大雨，很多人都忙着躲雨，梁世雄却很兴奋，雨中丛林的景色难以遇到，他拿着相机冲进树林里拍照，细细观察烟雨中的阿里山之景。当时在现场观摩拍照的时候，梁世雄心中就有构思，回来要画一幅阿里山神木林来表现烟雨中屹立的原始森林。《阿里山之魂》中还有一种树木很显眼，那就是"三代木"，梁世雄在参观中留意到这种奇特的树木，据说，第一代是被雷电劈断的，长出枝丫后，第二代被日本人砍掉，后又长出，枝繁叶茂，形成三代同堂之势，非常有趣，对树一向钟爱有加的梁世雄，当然不会放过描绘这种特殊树种的机会。

太鲁阁激流 2002年 180 cm×392 cm

|松风万壑——梁世雄小传|

阿里山之魂　2002 年　210 cm×480 cm

|松风万壑——梁世雄小传|

大漠雄风之一 2003年 120 cm×245 cm

大漠金秋之一 2003年 120 cm×245 cm

六 / 塞外胡杨

胡杨是西北荒原上的一个传奇。它生长一千年不死，死了一千年不倒，倒了一千年不朽。在西北荒原贫瘠的土地上，胡杨用其不屈不挠的身躯，阻挡了沙暴与绿洲的侵扰，组成一条雄伟壮阔的绿色长廊，创造了丝绸之路的文明。

梁世雄在西北创作的一批有关胡杨林的作品，是他晚年作品中比较受人关注的。在梁世雄的画笔下，那些挺拔的，上千年的胡杨蜿蜒盘旋向天际伸展着，在画家的笔下，它们把最深沉的感情埋藏在根底，把最坚定的信念写在枝干，把要倾吐的一切赋予飞沙走石与日月星辰。

2003年，梁世雄跟随广东省文联组织的采风团前往新疆采风，采风团中，梁世雄是年纪最大的一位。去之前，他正好看到一篇报道说，新疆淖毛湖的胡杨林很特别，但这个地方距离蒙古只有30公里，没有任何通讯信号，当地的环境比较恶劣，有时会出现沙尘暴，前往有一定危险性。当时已经70岁的梁世雄毅然决定前往写生。他到达新疆的当晚，就把自己的想法告知一位广东援疆干部，希望她能帮忙安排前往写生。该干部以不安全为由劝梁世雄放弃这个想法，但是梁世雄觉到新疆一次不容易，到手的观摩机会舍不得放弃，所以比较坚持，希望能亲自去看看胡杨林。感动于老画家的执着，该干部把这个事放心上仔细筹划。在哈密当地的安排协助下，临踏上归程的前两天，准备工作才全部就绪，梁世雄也才得以启程前往淖毛湖。从哈密前往淖毛湖，车程5个多小时，一路全是沙漠盐碱地，路面坑坑洼洼，越野车行驶其中相当颠簸，非常辛苦。上午10点出发，去到已经是傍晚6点多。梁世雄一下车，让随行工作人员在林外停车认清方位，自己一头就扎进胡杨林中。有一个工作人员爬上高坡紧紧盯着梁世雄在林中走动的身影，生怕他在里面迷了路。胡杨林里都是老树，一棵棵犹如一尊尊雕塑一般，非常有个性。梁世雄来不及拿笔写生，只能举起相机朝树木一顿狂拍。没过多久，太阳下山了，漆黑一片，梁世雄只能走出树林。他爬上高坡俯瞰这片胡杨林，在

雄风岁月 2012年 180 cm×800 cm

林中看，到处是生机勃发，到高处看就是一片沧桑。那里完全看不到任何水源，当地人告诉梁世雄，这片胡杨林靠的就是远方雪山上的雪水融化渗入地表来汲取水分的，生长环境相当艰苦。因为第一天没看尽兴，梁世雄隔天又一早出发前往写生。为了直观地写景，两天内来回奔波20多个钟头，实在令人叹服。

回到广州后，梁世雄画了一幅《大漠雄风》，表现的就是胡杨林的生命力，此后胡杨的题材也常常见诸他的笔端。第一天回程的路上，他看到了一轮明月，第二天清早再次前往，他又看到了朝阳。他觉得日月辉映，很是圆满，他既看到了胡杨树的英姿勃发，又看到它们的一片沧桑。之后梁世雄陆续创作了《胡杨月夜》《月夜驼铃》《大漠雄风》《天山牧歌》《喀纳斯初晓》《高原牧歌》

《雪山雄鹰》《遥望博格达峰》《雪山林海》《雪山湖畔》《月亮湾》《高原情》等作品，有现实，有想象，主要是反映当时多年的心愿得偿之余回归平静的心态，同时也感悟了天地造物的奇特，感受生命在任何状态下平静无波却顽强适应的状态。同年10月，梁世雄在东莞市可园举办个人画展，12月，又在东莞市长安镇举办个人画展。之后梁世雄用了两年时间反复思考、修改终完成了巨作《雄风岁月》，充分表达了他对胡杨的深情和崇敬，这幅巨作于2013年12月在他的家乡的南海博物馆首次展示，这也是梁世雄再一次用自己的画笔向父老乡亲们汇报自己的成果。

七 / 周游世界

梁世雄学养深厚，胸襟开阔，不仅在国内写生，只要有机会，他也踏出国门到世界各地写生。二十年来足迹遍及亚欧美各洲，先后到访日本、泰国、加拿大、法国、意大利、德国、荷兰、卢森堡、摩纳哥、梵蒂冈、比利时、瑞士等，遍历山水，所到之处皆有纪游之作问世，为其画卷注入了新的活力。他将各地所见所闻记录于画笔之下，形成带有游记形式的山水写生，如1992年访日及1998年访欧所绘作品均是如此。他以朴素的绘画语言，为域外山水注入了中国传统文人的符号，形成其独特的山水画格，如《荷兰田园》《夕照威尼斯》《莱茵河畔》《富士雪后》《沼津市海滨》《奈良之春》等。对于异域风情，梁世雄多采撷其田园山野风光，以适合抒情写意之表现。有一次，梁世雄游日本夜宿箱根，作画《芙蓉峰上一轮高》，是写意之作中的精品。全画只有积雪的富士山顶和云影中的一轮明月，氤氲混沌、虚实隐显，格调极高，加上题诗，味淡而意永，意蕴悠长。他以淡墨及浅绛设色为主色调，以自然与心性的和谐来诠释异域风景。和很多画家的域外写生不同的是，梁世雄的山水本质上还是地道的中国笔墨和意境。如果说这种游记式的山水画创作对他的艺术历程有什么影响或者具有什么重要意义的话，应该还是他一贯坚持的"以自然为师"的创作理念的延伸，是其长期深入生活以滋补艺术活力的创作精神的典范。

意大利和法国是世界闻名的艺术大国，也是梁世雄早就向往的地方，从他最早接受美术基础教育开始，就画过"大卫""维纳斯"等石膏塑像，而对于拉斐尔、米开朗琪罗、达·芬奇等大师的油画，过去只能从印刷品上看到，什么时候能够在欧洲的艺术殿堂里亲眼看到这些艺术珍品的原作，与《蒙娜丽莎》《圣母像》《雅典学派》《创世纪》《最后的晚餐》……以及大师塞尚、凡·高、雷诺阿等的作品面对面，是梁世雄萦绕心间的一个梦想。

1998年5月，梁世雄终于如愿以偿。在对欧洲多个国家参观、考察的短短旅

1991年，梁世雄赴新加坡参加岭南画派六画家联展期间，应邀到当地做介绍岭南画派学术报告

程中，梁世雄不但观赏了欧洲艺术大师们的艺术精品，同时他时刻也没有忘记作为一个艺术家的责任，他边走边观察周围美丽的欧陆风光。当时有一位友人罗教授由于积劳成疾双目失明，也与他的夫人一同前往考察。他在这趟行程中对梁世雄的鼓舞很大。在旅游大巴上，梁世雄经常拿出速写本，捕捉那一瞬间的印象，而旁边的罗教授不时地问妻子："梁教授有没有在画画啊？他在画什么呢？"妻子就回答说："有啊，梁教授在画莱茵河，两岸上有许多美丽的古城堡，他正在画远处的新天鹅堡，莱茵河上有许多小船……""梁教授在画宁静的阿尔卑斯山，山上积着皑皑的雪，山下面绿油油的草地上有一座小教堂……"梁世雄每每听到他们的对话，看到罗教授虽然双目失明，但他还在用心灵去感受和欣赏欧洲宁静旖旎的大自然风光，于是，一种强烈的愿望油然而生：一定要将他所见的表现出来，与更多人分享这美的感受。短短的旅途中，梁世雄画满了一本速写，为他归来创作欧洲题材的画作提供了十分丰富的素材。巴黎蒙马特高地的迷人景色，郁郁葱葱的树木映衬出白色的造型美丽的圣心大教堂；意大利水城威尼斯的黄昏美景；德国莱茵河两岸，许多古建筑美轮美奂；恬静的荷兰田园风光，古老的风车衬托着成群的牛羊；卢森堡颇具特色的峡谷风光；法国电影之都戛纳的美丽海滨，古老的、有着传奇故事的巴黎圣母院……在梁世雄的大半生中，早已养成无论走到哪里都要留下大量素材的习惯，这些都是他创作的源泉。

2004年9月，梁世雄又前往俄罗斯及北欧四国参观游览，其间与列宾美术学院教师进行学术交流活动。

梁世雄走过全球这么多的写生地，始终认为中国的景色最美。他认为，中国山水画在世界艺坛上独树一帜，经久不衰，我国辽阔的土地多姿多彩使历代的画家们有取之不竭、用之不尽的创作源泉。因此面向生活，以自然为师，可以说是传统艺术思想的精髓，这也是梁世雄一直坚持写生的原因。王艾在《造化于心·

夕照威尼斯 1998年 56 cm×68 cm

1991年，梁世雄（右）与黎雄才老师（左）同赴新加坡举办岭南画派六画家联展时合影

笔下有源——读梁世雄山水写生》一文中指出，梁世雄作品中描绘的景观今日有些已经几近消逝，如百转千回的长江三峡，如怀集的岭南水乡。他几十年坚持写生所获得的精彩作品和这种行为的执着，在今天这个图像廉价化的时代看来几乎是不可复制的。但画家的精神将在作品中得到延续，并可以影响更多的人。若能让现在年轻的艺术创作者们感受到写生的魅力所在，并投入到写生的创作中去，这将是对这些作品最好的解读方式，亦将是原作者最乐意看到的。

　　梁世雄的人生历程分为两个阶段，从出生到20世纪80年代前，前面的四十多年风风雨雨，看不到前途，生活虽然很苦，但是态度反而很乐观，这个时间段，对于个人来说也许不容易，但是对于艺术家来说，却是一个难得的机会。如果一个人没有经历过风风雨雨就无法理解风平浪静的感受，只有经历过才能在艺术上有感而发。艺术和科学不一样，科学是理性的，艺术是感性的，讲不清楚，凭的是一种感觉。现在有些搞艺术创作的人弄虚作假，哗众取宠，标新立异，而真正有一些经历的人，投入真情实感来创作并打动人，哪怕只是些风景画也是如此。画家的作品，首先要把自己打动，不能抄袭，不是临摹，而是从生活中来的，所以有一点历史经历很重要。梁世雄经历了前四十多年的风风雨雨，又经历了后四十年的风平浪静，才能将自己的体悟，将要表达的感情寄托在艺术上表现出来。在梁世雄看来，技术、技艺是表现艺术感情的手段，不是原则。

八 / 师从关黎

　　自从1956年跟随关山月、黎雄才两位岭南画派大师创建国画系，梁世雄走上了国画创作的艰苦道路。他从关山月、黎雄才那里接受了笔墨基本功训练，又接受了高等院校设置的极其严格的素描课程训练，这对于他融汇中西技法还是有帮助的。但是他深厚的国画功夫，还是在他当教师以后才逐步磨练出来的。他知道，不论是岭南画派的创始人高剑父、高奇峰、陈树人，还是他的师承老师关山月、黎雄才，都是强调要打好扎实的基本功。这就既要继承传统，又要实现时代精神，还要创造出个人风格，而且要青出于蓝而胜于蓝。当代中国画的任务，就是要继承和发扬中国画的优秀传统，处理好传统、生活、创造的关系。

　　在艺术界，梁世雄师承岭南画派关山月、黎雄才，传承了岭南画派黎家山水的衣钵，与这两位老师之间也有诸多交往故事，从中可以看到他受关山月、黎雄才的启发，开创如今别具一格的艺术风貌。从梁世雄的作品中，既可看到他学习关山月先生气势豪雄、构图开阔的长处，也可看到他学习黎雄才先生水墨渲染、潇洒秀逸的特点，这种集众家之长，又保持自己创作个性的治艺态度，也是他成功的因素之一。

　　梁世雄读书时起就受关、黎二人教诲，至今已超过整整半个世纪。早在1950年年初，华南人民文艺学院成立之时，关山月便是美术系的教授兼副系主任，当时梁世雄还是初踏入艺术之门的学子，在这漫长的岁月里，梁世雄一直在关老的直接教导下成长，关老的艺术思想影响着梁世雄这几十年所走过的艺术道路。关山月先生生前对他的成就给予了充分肯定。关老指出："国画要继承传统，又要表现时代精神，还要有个人风格。没有传统做基础就不是中国画；不表现时代精神、没有个人风格，国画艺术就不能发展。梁世雄注意到了这些关系，路子是走得正的，这是可喜的。"

　　这一路，梁世雄看到关山月为了弘扬民族文化，振兴民族艺术，推动中国画

1985年，梁世雄（右）举办第一次画展时，关山月（左）喜见学生的大量作品并给予指导

的发展所做的一切努力，他从中细细吸取养分，以充实自己。关山月是一位胸怀开阔而又谦逊的艺术家，"学到老时知不足，耕耘收获不由天"是他八十岁以后的诗作。

梁世雄平时与他相处，总是听到他谈别人的长处，在同行中，不管是对青年还是对年老的艺术家，看到别人的成就，关山月总是很高兴并予以肯定，还写诗、写文章推介，题词祝贺，这对梁世雄触动很大。对待自己的学生时，梁世雄也是遵循着老师的做事方式与学生相处。几十年来，梁世雄特别关心年轻后学的成长，经常谈到"教学相长"，"长江后浪推前浪"，"学无前后，能者为师"。在日常交往中，也总是做到言传身教。而关山月在中国画创作和教学上主张兼收并蓄，博采众长，没有任何门户之见，经常谈到"岭南画派"不是宗派，而是有地方特色的学派，不是自封的，而是客观形成的。关老从1956年创办中国画系开始，就积极、主动地邀请国内不同风格、不同流派、当代有成就的画家来美院讲学，开阔师生的视野，思想十分开放。1959年潘天寿先生来美院讲学，关老认可潘老在题款、钤印方面的修为，亲自主持讲座，请潘老专门谈谈中国画的题款问题，这种精神在老一辈画家当中，尤其难能可贵。后来梁世雄主持国画系工作的时候，也将这个传统继承下来。梁世雄回忆，每次与关山月见面时，他首先总是问及"最近画什么画"和"有什么创作计划"，时刻都感到他在鞭策自己，不能偷懒，在艺术的道路上，只有终生勤奋，不断探索，才能取得成就。梁世雄第三次上黄山前专门拜访了关老师，聆听他有关画大画如何求质取势的宝贵经验。关山月告诉他："画黄山与画其他山水画一样，不要受具体景物所限，特别强调要高于生活，诗、画都应是有感而作，从生活到艺术，是个艰苦的创作过程，要做到'山川脱胎于我，我脱胎于山川，神遇而迹化，物我交融'的境地，才能画出好画。"

关山月的太太李秋璜师母遽然去世时，失去了几十年相濡以沫的伴侣，关山

2000年，梁世雄（右）到关山月老师（左）家中拜年

月先生精神上深受打击，心情万分悲痛，每晚深夜收听电视台有关"孤独"的节目，以开解心怀。梁世雄每每造访关山月时，安慰的话到嘴边却说不出口，看着形单影只的关山月先生，内心都是诸多叹息。但是关山月却让他看到另一面，关山月以最坚强的意志，尽快地安定下来，然后将全部心力投入到艺术创作上，以充沛的精力回到创作的源头中去，创作了大量的新作。那时候关山月常说的就是："只有进入画室，不断地创作才能忘记悲痛，这也是对亲人最好的悼念。"这对梁世雄触动很大，一个艺术家，对艺术的极大热爱，任何时候，任何心境下，都可以是一个新的开始。

同样的，黎雄才对梁世雄的影响也非常大。

1956年，国画系创立之初，黎雄才老先生便要求教师要以身作则，自己先做到，才能要求学生。黎雄才先生每次教学生，都是先画个样本给学生看，有时候还连续画上数张，梁世雄谨遵教导。在学校教学时，梁世雄很多时候是教学生临摹传统的东西，比如一些工笔的宋人画册。临摹是需要有步骤的，梁世雄每次上课都给学生示范一次，他习惯弄好步骤图，按照步骤来画给学生看。当然除了临摹作品外还有创作，那时老师与同学生活、下乡、写生都在一起，几乎形影不离。他的学生李劲堃是这样评价梁世雄的教学工作，他认为，在梁世雄教学并治理国画系的艺术道路、艺术方向的时候，梁世雄始终有一个比较明确的宗旨，首先以岭南画派的宗旨，去确认国画系的教学路线；第二坚持以传统为主，让学生一开始学习的基本都是一些比较经典的精品，他可以跟学生探讨各种各样的学习方法，或者学习过程中的一些问题，但是从来很少推荐自己的主张，他很强调挖掘每个学生内在的潜力，这一点完全符合教学上、学习上的个性的培养与发展。这是黎雄才先生对梁世雄的一个很深的影响。

古人说："工欲善其事，必先利其器。"梁世雄到生活中去写生，采用黎雄

1992年，黎雄才（前排左二）、梁世雄（第二排左二）访日期间，受到日本前首相海部俊树及中国驻日大使杨振亚亲切接见

才所提倡的毛笔写生。用毛笔画中国山水画速写有很大的优越性，比起一般水笔和铅笔，毛笔的粗细、干湿、疏密、虚实变化无穷，是其他任何工具都不能代替的。毛笔写生，不但可以充分发挥线条变化的作用，同时可以锻炼画画者落笔的肯定和果断，线条的表现力是极其丰富的。黎雄才屡屡提醒梁世雄，因为毛笔画下去是无法改动的，要做到"体察精微，笔无妄下"，就得对客观事物的规律了解透彻，同时要眼、脑、手并用。中国画表现对象的形、质、神、情都是主要通过笔墨表现出来的，笔墨技巧可以说是中国画技法的同义词。因此从写生开始，梁世雄就特别注重加强对毛笔运用的锻炼。在写生当中，他总是习惯每蘸一笔墨就全部写完，从近开始写到远，从湿笔写到干笔，运用干湿笔的自然变化，把画面的远近、虚实，景物的空间感和体质感表现出来。为了表现山石树木的质感，利用干笔在画面略加皴擦，以增强立体感，有时比用淡墨烘染效果更明显。

梁世雄既是黎雄才的学生又是同事，所以得以常跟在黎雄才身边写生，而黎雄才从不多言，他只是做出来给你看。比如出外写生，他总是一马当先，再难再险的地方，他也是第一个上去并坚持到写生结束。比如当年《武汉防汛图》卷的创作，正是从风口浪尖中抢画来的。在黄山、井冈山，他都是经常顶着风雨，坚持野外写生。

1992年春天，正是樱花盛开的时节，经文化部批准，梁世雄夫妇与黎雄才夫妇应日本友人二村宽先生的邀请重访东瀛。二村宽先生是华日汽车公司副董事长，深圳大学顾问。他对中国文化特别是岭南画派极感兴趣，曾为岭南画派纪念馆的建设出过一分力，也曾赞助过梁世雄赴日举办画展，此次邀请黎雄才、梁世雄师徒赴日，初衷就是中日邦交正常化二十周年，请中国画家到日本风景区走走画画。临回国前的欢送盛宴上，日本前首相海部俊树和中国时任驻日特命全权大使的杨振亚也应邀出席，可见中日对这次文化交流的重视程度。

晨曦 1992 年 68 cm×68 cm

1992年，黎雄才（右）、梁世雄（左）访日期间于箱根芦之湖写生

  这次出访目的非常明确，让画家到日本著名风景区观光、访问和写生，取消一切应酬，是非常难得的学习机会。黎雄才当时已是八十多岁高龄，但身体非常好，旅途中经常谈笑风生，而且依旧勤奋，笔耕不辍。二村宽先生为他们安排一部十二座的旅行车，由他的儿子二村正夫亲自驾车，还专门派了他的秘书陪同当翻译。一行六人极少在大城市停留，而是遍游日本中部著名的风景区，热海、伊豆、富士箱根、环绕富士山周围的五湖，特别是著名的山中湖、精进湖、本栖湖等，湖光山色，确是风景旖旎迷人。此外，还参观了不少日本著名的瀑布和开阔雄奇的海湾风光。

  因为六十多年前，黎雄才曾在高剑父的援助下前往日本留学，所以对日本有怀旧的感情，六十年后重游日本，有很多感想。

  富士山是日本的象征，是日本历代诗人、画家向往的地方，历来都有不少著名的诗歌和绘画对其进行歌颂。汽车走过逶迤的山路，沿途悬崖古树，草木葱郁，越往高处气候渐寒。正好遇上雪过天晴，他们登上富士山巅，看到乔木成林，杉树参天，一派雪后美景，大家的心情都很激动，尤其是黎雄才，故地重游，更是无限感慨。记得六十年前，他留学日本的学生时代，也曾登过富士山，当时根本没有登山的公路，只是攀着一些杂树丛生的崎岖山路行走，还差点摔伤了腿。那时候满山都是幼小的树苗，现在已是古木成林了，黎雄才感触很深，与其说是在感叹六十年后松树成林，不如说是在感叹自己韶华易逝。有了黎雄才的启发与引导，梁世雄在那里画了不少速写，《晨曦》《富士丛林》《富士雪后》等作品，就是根据当时的感受，归来后完成的。其中《晨曦》一画相当有特色，整幅用饱含水分的墨色画出，近处墨浓远处墨淡，水湿淋漓，氤氲朦胧，很能表现出岛国日本常见的雾气弥漫、林木滋润的自然景象。这幅画的技法风格与梁世雄其他作品很不一样，与岭南画派其他画家的方法风格也不尽相同。可以看出，当时的梁

海涛击岸 1992年 68 cm×136 cm

世雄仍在探索中不断求新。而对于这一切，梁世雄归结于受黎雄才的影响，因为老师都在永无止境地探索，对于他来说，只有更加努力地跟上。

伊豆、箱根一带，有许多著名的瀑布，热海、召津的海滨，保存大量古松，对于画山水画来说，都是最迷人的地方。黎雄才早在日本留学期间，就画了大量松树写生，当年每逢假日，都抓紧外出写生。几十年来，写生的松树画了上万幅、无数本，面对苍劲多姿的松林，老人家还是非常激动，速写画个不停。

后来他们还去了一个叫大王岬的地方，那是日本很有名的一个海峡。去到地方正遇上十级风，海边十级风是不得了的，帽子差不多都给掀掉了，梁世雄站在海滨一处破旧的木栏旁画速写，被强风吹得几乎站不住，黎雄才却还登上灯塔观察周围景象，下了灯塔后，在狂风暴雨中坚持写生。从日本归来后，黎雄才根据亲身经历，画了一幅《大王岬灯塔》，而梁世雄则画了一幅《海涛击岸》。

归国后，梁世雄画了八幅富士山景，画中阳光下、林涛上、云海中、朝雾里、月光照、曦色烘、倒影动、海相呼等不同时间空间的景色，可谓极尽富士山的韵致。他从感性、理性两方面的认识去表现富士山的内涵和意蕴，以及在各种氛围下气象万千的独特境界。有一些作品，还结合了日本诗人描写富士山的创作而构思。

梁世雄说，因为老师不服老，顽强乐观，而且那么勤奋，自己也自然不敢偷懒。黎雄才八十多岁的高龄，碰到台风还坚持写生，一如几十年来的创作，不管风吹雨打，不管海浪冲击，总是到大自然中。在黄山、井冈山，他都是经常顶着风雨，坚持野外速写。访问日本时，他已患严重的白内障，视力模糊，许多是凭感觉，写了一本本的速写，这样热爱生活、热爱艺术，以及坚强的意志和毅力，实在令人钦佩。

忍野八海 1992年 68 cm×68 cm

1999年春天，黎雄才搬进了广州近郊的瀛洲艺术村新居，那里环境优美而清静，一条弯弯的小河绕村而过，大片郁郁葱葱的果树丛中一座座小别墅群相映其间，真是一派南国水乡的景色。当时黎雄才已近九十高龄，梁世雄每次见到他，发现他总是在兴致勃勃地写字，手一点也不颤抖，书法苍劲有力。

黎雄才胸怀坦荡，常有后生向其求字求画，他能应则应。90多岁时，国画系多位老师合作了一幅八尺花鸟画，最后请黎老题款，黎老欣然题上"万象皆春图"几个苍劲有力的大字。题完款后，又用浓重的朱砂画了九朵灵芝，起到画龙点睛的作用，使整幅画面大为增辉。每次见他，梁世雄总是觉得能被他欢乐的笑容带动感染，心胸一下宽阔起来。

黎雄才经常告诫梁世雄："劳而不获者有之矣，未有不劳而获者也。"黎雄才就是这样一生身体力行，探索不辍，以此影响着梁世雄，而梁世雄也始终将他当作自己最好的榜样。

从20世纪50年代初进入华南人民文艺学院，梁世雄成为关老、黎老的学生开始，点点滴滴，在长达半个世纪的漫长岁月中，严格、勤奋、探索是关山月、黎雄才对梁世雄最大的影响，直接影响到梁世雄几十年来所走的艺术道路，使他终生难忘。他既从关山月那里学到了构图变化、取势，落笔大胆，收拾小心，即"笔未到，气已吞"，"剑胆琴心"，以及书法入画、重视"画眼"等长处，又从黎雄才那里学到落笔要有气势，注意贯气、渲染、层次、浑厚，以及笔墨的变化多姿等技法。他不敢有半点懈怠，总是勤奋探索，不断创作出更多的新的画作，觉得只有这样，才能以慰恩师。

九 / 以书入画

中国绘画与书法艺术，在漫长的历史发展过程中，可以说是相互并立，相互促进和相互结合的关系。在审美标准中，包括章法、结体、气韵、意态等要求，以及线条的运用等方面，都有着许多相通的地方。中国历代绘画有关笔墨的理论，都是和书法艺术密切相关的，书与画都有着各自发展的高峰，同样是体现民族精神的艺术结晶，形成了独具风格的东方艺术的精华。

梁世雄画风泼辣，比较大气，讲究用笔，艺术的审美内涵也比较浑厚，这与他良好的书法功底分不开，同时，与他在书法上极其注重吸收各家之长也有密切关系。

在艺术界，梁世雄有两重身份，他是岭南画派关山月、黎雄才的弟子，传承了岭南画派黎家山水的衣钵，同时还是著名古文字学家容庚的女婿，勤攻书法。得益于此二者，梁世雄的山水画和书法都日臻纯青之境，画作尤其别具一格。

梁世雄与太太容璞认识于广东省立艺术专科学校，是同班同学，后来去武汉中南美术专科学校的时候也是同班同学。那时候读艺术的女生很少，而两人又正好是广东的老乡，毕业的时候就确定关系并结婚了。容璞在北京出生并读到初中才回到广东，她的普通话与外语都很好，毕业后梁世雄留在广州美术学院国画系当老师，容璞则在广州某美术设计公司从事美术设计，一路对梁世雄的帮助很大，尤其是画册的出版及年谱整理。

广州美术学院成立之初，梁世雄先容璞返回广州，未见岳父之前，梁世雄便耳闻容庚先生的家教很严，家中几个孩子对老人家都是相当敬重，兼之还有些怕老人家。当容庚先生第一次约见梁世雄时，梁世雄不敢自己一个人去，找了个朋友陪伴他前往南园吃饭。没想到，与容庚先生见面聊天居然很随意，因为容庚先生也喜欢画画，并且对画作极有研究，与梁世雄的共同语言不少，聊得深入而惬意。有了第一次的愉快相处，梁世雄自此之后经常去容庚先生家串门，他们有共同的话题，相处起来容庚先生竟然比与子女在一起还随意，梁世

1978年，梁世雄全家（后排）与容庚夫妇（前排）合影于中山大学办公大楼前

雄没有任何心理负担。有一次，在容庚先生的鼓励之下，梁世雄用了整整一个暑假的时间，在容庚先生家临摹巨然的长幅手卷及其他名家作品。那段时间苦练的基本功，对梁世雄日后的创作，在吸取传统技法精华方面，起了很大作用。加之当时关山月和黎雄才与容庚也比较熟悉，经常有来往，每次来都喜欢把梁世雄也叫上。有一次，黎雄才先生出画册，专门要梁世雄去请容庚题款，容庚也欣然应允。

在与梁世雄的交往中，容庚先生对他的指点更是直接。当梁世雄已初有名气的时候，有一次，他带着自己的画作去探望容庚先生，本以为会得到几句赞赏，没想到容庚看着梁世雄的画说了两句话，对梁世雄的震动很大。第一句话是："历代山水包括中国画的大家，没有一个书法写不好的。"第二句话是："你的画虽然尚可，但可惜，书法写不好，无法自己题款识，只敢签个名，这样下去成不了大家。"梁世雄自此下决心勤练书法。无论白天工作多忙，夜晚都练至深夜，手腕和手指都肿了，经常半夜痛醒，但他仍以极大的毅力，刻苦练习。在容庚先生家里，有很多的碑帖，满屋子都是，梁世雄向其请教应该从何处学起，容庚将自己珍藏的《三希堂法帖》以及其他名家碑帖（印刷品）相赠，并对梁世雄说："你学画画的，喜欢哪一个的书法便学习哪一个，不一定从楷书入手，也可以从行书入手。"这对梁世雄的启发很大。因为每个人性格、才情、爱好不一样，不能规定只学一个人，自己喜欢哪一个很重要。梁世雄遵循岳父的指点，严格临摹起画家书家的行书。比如文徵明，还有米芾，他们既是画家又是书家，这样的步骤梁世雄觉得上手容易，后来又临李邕，还临了很多碑帖，最后还临过王铎，所以吸收了各家各派的一些长处。

在练习书法的过程中，梁世雄逐步体会到，有了绘画的基础对书法艺术比较容易理解，相反，有了书法基础，对中国绘画也较易入门。两者都同样要求有较强驾驭毛笔的能力。用笔的雄健、峻拔秀逸、洒脱等等，主要是通过各种不同的

1986年，梁世雄于家中勤练书法

行笔和线条来体现，也是根据作者的气质、修养、爱好不同而体现出各自不同的风格。从书法艺术来说，行笔和结体是重要的基本功。中国绘画主要运用笔墨来塑造形象，但在运用各种不同的线条来传情达意这点上，是完全相通的，因此中国历史上不少画家同时又是书法家。像米芾、苏轼、赵孟頫、文徵明、郑板桥、赵之谦等等，他们的书法和绘画都有相当的成就，均为世人所重。中国传统习惯把绘画叫"写画"，也是从书法的"写"字来的，因此，线条美包括线条的节奏感、运动感等，同是东方绘画与书法艺术所研究的重要课题，千年以来具有无限生命力。梁世雄在练习书法的过程中，也仔细研读这方面的理论，他非常认可黄宾虹的看法，黄宾虹很明确，他认为中国画的笔法就是书法。因为书画有一个共同的特点，都是要追求气韵生动，具有生命力。所以看一个人的字，可以知道他身体好不好，他的精神好不好。

当梁世雄手捧一大沓书法，诚惶诚恐前去向容庚先生汇报时，容庚微微一笑说了句："这还差不多！"

直到现在，梁世雄还是经常练习书法。而且梁世雄有个好习惯，他将先前很多练习的书法帖都留着，时不时拿出来对比一下，有时候，某个时期的一个字，过段时间再看，也有很多回味研究的空间，并不是越往后练就一定越好，有时字与画一样，一个时期所作巅峰之作，并不是那么容易超越的。这样时不时地翻出来研究，梁世雄感觉时时都在精进中。因为掌握了书法的用笔规律，梁世雄写起画来用笔变化多端，可以增强线条的美感和韵味。而且他也不仅仅只精通行书一样，从绘画艺术的要求上，应该是篆、隶、行、草都要研究，梁世雄在这几种字体上都有下苦功夫，虽然不可能各体皆精通，但他很善于研究它们的各自特点和行笔规律，这对于表现不同对象和丰富画面的变化大有帮助。

梁世雄提出过这样的观点："人们常提到以书法入画，主要是根据画家不同

1974年，梁世雄（左）与岳父容庚先生（右）合影于家中

的素质、爱好重点研习某种字体而且直接运用到绘画中去。如郑板桥、赵之谦常以篆隶笔法入画，吴昌硕以篆书入画，徐青藤以狂草入画等等，形成了各自不同的行笔习惯，也是画家形成各自不同风格的重要因素。岭南画派先辈在书法与绘画上，都有各自的风格。如高剑父先生晚年常以斜风骤雨的狂草笔法作画，高奇峰先生以行草入画，陈树人先生清丽秀逸的书法都与他的画面风格十分协调，当代岭南画派的几位大师关山月、黎雄才、赵少昂、杨善深等都很重视书画的结合，都有各自明显的风格。"

梁世雄的弟子苏百钧曾这样评价过梁世雄的书法，他说梁老师有深厚的书法功夫，驾驭毛笔的能力每个时期都在提升，作画时落笔更加果断和肯定，有了这个前提，才能谈得上"骨法用笔"。苏百钧回忆，以前读书的时候，梁世雄常对学生说："'骨气源书法'是完全正确的。书法落笔要求十分肯定，不能有半点犹豫，一点败笔都会暴露无遗。用毛笔在宣纸上作画，当然也很难涂改，只能加，不能减，要做到胸有成竹，意在笔先，落笔才能肯定，才有力量。在这方面，书法比起绘画要求还要严格，写画有些地方还可以用点染来补救，写字却来不得半点含糊。所谓'失一点如美人眇一目，失一戈如壮士折一臂'。因此从某种意义上来说，写字比写画难度还要大。当然，写画许多关键的地方也无法修改，如写人物的五官表情、画山水的远山烟云，一点败笔都会影响全局。有深厚的书法功夫能增强用笔的胆识，随心所欲地运笔用墨，大幅创作也可放笔直下，以达到大气磅礴、气韵生动的效果。"

画家李劲堃对梁世雄的书法也推崇有加，他回忆，梁世雄曾多次在教学中提及，自己因为有了书法修养，字写得美，对于作画的章法变化和丰富画面内容大有帮助。梁世雄说过："中国绘画自宋以后，特别是明清以来，都很注意题款，书法已成为绘画不可缺少的重要部分，题款已是作者表达情感、调节画面的重要

行草书李白《行路难》句
2013年 138 cm×35 cm

手段之一，书法的水平和修养与画面的意境直接相关。一幅画会因好的题款而大为生辉，也会因不好的题款而黯然失色，这种例子是很多的。不少很有成就的画家，一幅画完成后，在题款前往往都要经过再三推敲才落笔。"李劲堃说，以往梁世雄每次看到青年学生画了一幅不错的画，却因为一题上字整幅画都受到破坏，字与画很不相称，相差了十年八年功夫，就觉得着急。但事实上，有的学生在艺术院校学了七八年画，都没有认真练过字，连把自己的名字写上也会破坏画面。

"所谓'书画同法''书画同源'，不是说写好画就自然能写好字，书法本身有极高的成就。'字无百日功'，突击是不行的，非经过长期下苦功磨练不可。"

1992年10月，梁世雄经历了人生的又一次重大挫折和考验，当他正以充沛的精力进入创作的最佳状态时，病魔击倒了他。经历了一次大手术之后，他战战兢兢地问为他做手术的医生："我以后还可以再画画吗？"医生鼓励他说："你一定可以再画画的。"这句话，当时在医生的心中，也是没有把握的安慰，可它却给了梁世雄极大的鼓舞，他下决心，一定要配合医生把病治好。虽然每一次治疗对于病人来说都是非常痛苦的，但

散作乾坤万里春 2008年 96 cm×180 cm

是他默不作声,强忍痛苦,坚持治疗、服药,在这场战斗中,他勇敢地面对一切。1993年夏天,为了使梁世雄的身体早日康复,梁世雄夫妻到珠海一个疗养地休养了一个月。他们彼此戏称,这是他们结婚三十多年来第一次轻松、无牵挂地在一起度"蜜月"。就在这"蜜月"期间,梁世雄开始对着书本,从简单的二十四式太极拳入手,一天学一两个招式,锻炼身体。每天坚持爬上一个小山坡,沿途采摘茉莉花,至今说起,两人都还记得那淡淡的幽香带给他们的无尽温馨。不久,梁世雄就开始试着写写书法,画一两笔竹,三五笔山峦,这样似乎可以使他忘记病痛,也开始恢复了他重新画画的自信。渐渐地,他又倾心于他最心爱的创作了,他要继续找寻他人生中最大的乐趣。他以前积累了许多素材,又重新浮现于眼前,活跃于他的画幅之中。

十 / 连开画展

一般而言，书法家、画家在默默耕耘了一段时间后，都会办个展览，向大家展示一下自己的作品，这是艺术创作的延续，最好同时再出本画册，这样一个阶段的艺术创作得以小结，才算完成了比较圆满的全过程。梁世雄也不例外。

20世纪80年代前期，是梁世雄创作最活跃兴旺的时期，再也不用担心那些强加于知识分子头上的"只专不红"，可以名正言顺地进行创作。在短短时间内，梁世雄创作了许多新作，尤其是他的山水画，达到了一个比较成熟的新阶段。1985年元旦，梁世雄从大量的作品中精选了84幅，在广州举办了他第一次个人画展。画展很成功，所有前来参观的人都感到很惊讶。关山月、黎雄才先生对他的勤奋给予鼓励和肯定，社会上也给予他很高的评价，认为这些作品"表现了画家独特的感受，执着的追求，大胆的探索，既有传统的笔墨，又有新的意境，整个画风显得既浑厚又豪放，粗犷中见细腻、磅礴中显清新"。

展览期间，赖少其先生在深圳看到电视上的有关报道，专门与唐云先生等人一起回广州观看全部作品并给予鼓励，他们对于表现南国水乡田园风光的作品特别感兴趣。这次画展的成功，使梁世雄在山水画创作上更充满信心。

1985年个展后，梁世雄又踏上了新的征途。这时他所绘制的黄山、长江三峡，以及南国田园等闻名于外的许多作品早已漂洋过海在欧美、澳大利亚、日本以及东南亚等地参加各种展览，并获得好评，但他本人却从未踏出过国门。1988年夏天，香港艺术收藏家梁知行先生特别邀请梁世雄、梁纪、李国华三位画家在香港大会堂举办中国画三人联展。第一次赴香港展出，梁世雄满怀喜悦之情，展览会开幕的第一天，梁世雄的巨幅国画《不尽长江滚滚流》（4幅六尺联屏）就被一位德国收藏家看中，欲出高价收藏。而另一本《黄山胜境》水墨册页（10幅相连）则被一位美国纽约的收藏家看中。这两幅画作是梁世雄的心血之作，在别人看来是难得的好机会，因为国外大藏家一旦收藏了他的画作，就在一定

1987年，梁世雄赴美国举办国画展览，即席为美国友人题字"龙飞凤舞"

程度上帮梁世雄打开了国际市场，无论是知名度还是画的价格都会上一个新的台阶，何况当时开出的价格也是比较丰厚的。但梁世雄拒绝了，他想，这两幅好作品还没在内地展出过，内地许多画家与学生都还没看过，也没交流切磋过，卖掉的话，自己想看也看不到了。而这些倾注了自己大部分心力去创作的画作，就好比自己的孩子一样珍贵，不能用金钱去衡量。香港联展虽然只有短暂数日，但其影响却很深，它使梁世雄开始认识并接触了外界，也使外界进一步认识并接受了他。在展览开幕式的第一天，客居香港的岭南派大师赵少昂先生，提前到展场观看，并对梁世雄给予鼓励，他说看到梁世雄画的瀑布，很生动，就像听到了哗哗作响的流水声。此外，杨善深、司徒奇等画家也都亲往参观，并给予好评。

1987年秋，梁世雄与杨之光先生随广东代表团出访美国，参观了纽约、华盛顿、波士顿以及三藩市等城市，并在波士顿美术学院、加州艺术学院讲学。一次，在展览会场上，梁世雄书写了"龙飞凤舞"四个字，在场的观众发出赞叹之声。其间，一位美国人请翻译为他解释了这四个字的内涵之后，欣然买下了这幅书法艺术品。这件小事给梁世雄一个启示：艺术是没有国界的，民族形式的艺术也同样具有国际意义，可以为外国人所欣赏和接受。在出访美国期间，梁世雄同样画了一批速写，归来后创作了《加州海岸》《海滨秋林》《岸边絮语》等表现美国风光的作品。

1989年，应日本朋友二村宽先生的邀请，梁世雄访问了日本，在东京、名古屋、京都、三重市等地举办个人画展，同时举办学术讲座并参观访问。因为之前的中国画家在日本举办的国画展览大多以花鸟题材较多，山水的很少，而日本人很喜欢中国的风光，在展出过程中，日本人士对他的黄山烟云、长江三峡、西藏小景及南国水乡等题材，更是情有独钟，反应热烈。当时在日本，有个观

1990年，梁世雄在澳门东亚大学举行个人画展，得到校长的亲切接见

众问梁世雄，长江两岸现在是否还有猴子，他们在读书的时候学习过中国的唐诗，里面有句"两岸猿声啼不住"，因为他们对中国的古文化很了解，所以对中国画的接受程度也很高。有的日本观众在看了展览之后，对黄山的美景极其向往，非常渴望能前往黄山去旅游。还有一位日本科学家评价梁世雄的作品"既有中国传统的笔墨功夫，又有现代感"。

由日本归来后，1990年11月，梁世雄又奔赴澳门举行画作展览并讲学，其间《澳门日报》等各大报纸均载文介绍。《澳门日报》如此评论梁世雄的画作："风格多变，或苍茫浩瀚或意境幽深，或温柔婉约，或清爽怡人……三十帧山水画，无一雷同，为澳门观众展现了祖国迷人的壮丽河山。"此次展出的作品中，《江碧鸟愈白》及《藏北草原》后来都为澳门市博物馆所收藏。

1990年，梁世雄还应邀前往新加坡参加以关山月、黎雄才先生为首的"岭南画派六人展"（参展画家还有陈金章、陈章绩、周彦生）。访问新加坡是梁世雄多年的梦想，因为他从小就听两位舅父谈过，当时老一辈的亲人是如何挑着担子漂洋过海去南洋打工、卖缸瓦（陶瓷用品）的。在他幼年的脑海中，也曾有过许多关于南洋风情的想象。在新加坡举办六人联展所展出的作品均为各人具有代表性的近作，在当地引起较大的反响，各大报纸都详细地作了报道。短短二十天，他们一方面广泛联络各界人士，同时还到一些有特色的地方，比如圣淘沙、植物园等地写生。婆娑多姿的椰林映衬着服饰鲜艳的马来少女，大厦林立间夹杂着早期广东、福建等地老华侨所建的骑楼建筑，中西合璧，别具一格，这些景致梁世雄均勤快地写入了自己的画面。

1992年，梁世雄陪同黎雄才先生出访日本，回来后，同年9月23日开幕的"黎雄才、梁世雄访日画展"在广州成功展出，省市领导及各界人士三百多人参加了开幕式，当时的省长朱森林及日本前首相海部俊树等亲临剪彩。海部俊树还

1992年9月23日于岭南画派纪念馆举办"黎雄才、梁世雄访日画展"开幕式上,日本前首相海部俊树(左三)与时任广东省省长朱森林(左一)前往参观

1988年,梁世雄(右三)与李国华(左一)、梁纪于香港大会堂举办国画联展时,杨善深(右四)、司徒乔、马国权、梁知行等人前来参观

为展览题词——"日中友好,文化交流子子孙孙",而朱森林的题词是——"丹青谱友谊",字里行间流露出日中两国人民之间的深情厚谊。

梁世雄这次所创作的三十多幅作品,在艺术上明显有了一个新的突破。题材是崭新的,从不同的角度,用不同的手法画日本人引以为荣的富士山,就有九幅之多:表现雪后骤晴的富士山的清新和一尘不染;受到黎雄才先生的启示,当时黎雄才先生感叹"谁说青山不老,六十年后再看,富士山也老了,树木都长大了很多",《富士丛林》这幅画作则将富士山表现得苍劲挺拔;而从富士山麓所见的富士"忍野八海",恰逢樱花盛开,熙熙攘攘的人们成群聚集在富士山下欣赏自然赋予的美景,画面又变得婀娜多姿;《富士之春》则表现犹如恬静少年般静静沐浴着春光的富士山。画展刚开始的第二天,梁世雄病倒了,海部俊树先生从日本亲笔写信问候,并对他的画给予很高的评价:"以中国水墨画表现日本的风光,效果之突出,实为惊赞……"

1995年,马来西亚吉隆坡中央艺术学院院长及董事长看到了梁世雄1992年所出版的一本画册,深深折服,慕名前来广州找到梁世雄,邀请他携带四十

1995年，梁世雄于马来西亚吉隆坡中央艺术学院举办展览，其间为观众作画示范

多幅作品赴吉隆坡举办他在国外的个人展览。这些作品中，既有秀丽的江南美景，如他用细腻的笔法描绘的《湘西人家》《春江晨渡》《湖滨夕照》《湖畔绿杨船》《湘西芙蓉镇》等，也有表现西藏风光的《高原秋色》《嘎拉湖畔》，还有《西陵雨后》《山色有无中》以及《黄山云海》等用大泼墨笔法描绘的中国名山大川。当地报刊媒介对他的评价是"巧融南与北，秀丽复雄强"，"风格独特，粗犷中见细腻，磅礴中显清新，气势雄伟功力精深，充满个人艺术风格"。在展览期间，梁世雄接待了各方面的观众，既有华侨当中的名流如教授、医生、律师、高级会计师等，也有普通老百姓。有一位途经展览馆的观众，三次走进展厅，看了又看，对其中一幅高原景色情有独钟，决意收藏后挂入他新居的客厅。更有外籍人士要求梁世雄能开讲座与大家分享。开讲座的时候，课堂的里里外外围了三层人，有些年轻人更是站在板凳上看他示范作画。这次展出的成功，让病后的梁世雄恢复了创作的自信："我可以画画了，还可以出国办展览。"他的山水画，不单为旅居国外的华侨所喜爱，外国人也出乎意料很接受。通过他的画幅，人们更好地欣赏到中国的名山大川，体会到中国山河的壮丽。而这一切，就是梁世雄儿时一直怀有的理想与心愿的达成。

1997年，梁世雄偕夫人容璞应邀赴加拿大举办个展，出发前，他们心中多少有点疑虑，用中国画描绘的中国风光，能否为北美洲的人民所接受？在加拿大的多伦多市，画展开幕式当天的热闹景象，出乎梁世雄的意料。多伦多市市长嘉珀丽女士亲临剪彩，并饶有兴趣地逐幅欣赏，尤其对《长江》手卷特别有兴趣，还说了句："重庆市与多伦多是姐妹城市，看到那里的风光如此美丽，将来有机会时，我一定要去看看。"而一对加拿大的教授夫妇则对《黄山》手卷爱不释手，反复欣赏，赞叹不已。有的外国友人特别喜爱那些富有诗情画意的高原小景、雪山脚下的牧羊女、嘎拉湖畔的美丽景色等，都深深地吸引着他

1997年9月，梁世雄在加拿大多伦多市举办个人画展，于开幕式上留影

们。更让梁世雄感到意外的是，像《湘西人家》这一类用水墨和线条组成的画面，完全采用中国画的构图，也能为加拿大的观众所欣赏和接受。当地著名画家查尔斯先生闻讯前往，邀请梁世雄夫妇到当地中国茶楼饮茶并到家里做客，将他的作品拿出来与梁世雄切磋，并带梁世雄去他的工作室参观，以大型的画册相赠。由于过去在多伦多市展出的中国画多是花鸟画，因此这次梁世雄的山水画引起较大反响，多伦多的《明报》《星岛日报》都做了专门报道并以"别开生面"来形容画展的盛况，而中文的《世界日报》每日图文并茂介绍，当地一些华侨画家们更是从电视上获悉展览消息后赶来参观。

展览期间，梁世雄抓紧时间去了蒙特利尔、魁北克、渥太华、格雷文赫斯特以及温哥华等地参观，尤其是横跨美加两国、闻名于世的尼亚加拉大瀑布，远在几公里外，就已经听到轰鸣的瀑布声。梁世雄在那里整整待了一天，从多个角度去欣赏和观察，画了好些速写。归国后，按捺不住地反复构图构思，终于创作了《尼亚加拉大瀑布》这幅作品，这也是他自1992年患病以后所创作的第一幅描绘国外风光的大画。

1999年，澳门即将回归祖国前夕，北京市文联组织了全国99位著名书画家合作巨幅中国画长卷《江山万里图》，该画宽99厘米，长99米，以寓九九归一之大美，象征吉祥如意。为了让此画更具代表性，北京文联及澳门方面直接与梁世雄联系，由他负责广东方面的组织工作。广东省参加的画家有关山月、黎雄才两位大师，还有梁世雄、陈金章、林丰俗、郝学君、刘书民、王维宝等共八位山水画家。画面以长江源头雪域高原为起首，进入三峡后直奔江南水乡，最终归向大海。此画有美术评论家这样评论："此卷诚为吾民族之心画，记载吾民族之文明史册也！"此画最后由江泽民主席题字，被人称为20世纪末弥足珍贵的山水画巨制之一。

尼亚加拉大瀑布 1997年 68 cm×136 cm

  2001年新世纪之始，梁世雄经过几年不辍的勤奋努力，积累了三十多幅新作品在广州逸品堂举办个展。作品分为两种类型。一种为有新的追求和探索的水墨新作，如《云瀑》是以淡墨和轻柔的笔法来描绘那一泻千里的、瀑布似的黄山之云，意境清新，气势磅礴，但同时又似小夜曲那样柔美。另一种则是用焦墨和凝重粗犷而奔放的笔法描绘高原挺拔的胡杨和红柳，这两种树是生命力非常强的植物，在十分恶劣的自然环境中，长年被风沙侵蚀，扭曲了的老树干，仍能茁壮地生存，在来年又抽出许多娇嫩的新枝，这就是胡杨和红柳坚强的性格。梁世雄怀着崇敬和热爱的心情讴歌这大自然的伟绩。这次的《高原情之一》《高原情之二》就是他的两幅最得意之作，用笔洒脱、奔放、凝重、粗犷，原为探索，不知能否为业内人士所接受，结果在展厅内得到广泛的好评。还有《日本升仙峡》以及《黄山飞瀑》，那云雾缭绕、苍松郁葱，犹如置身迷幻仙境般的情景，一直萦绕于梁世雄的脑海，他反复探索，反复琢磨，刻意去表现，在经过长期的酝酿之后，终于跃然宣纸上。纯粹用中国画的皴擦、渲染以及笔墨技法表现出来的这两幅画，从效果来看也很受瞩目。此外，他那些具有独特欧陆风情的画幅，宛如一首首抒情的诗篇，打动着观众的心。这次展览是继1985年在广州举办个展十五年之后，在新世纪之始再一次献给故乡人民的一份礼物。对于这次展览，梁世雄自己如此评价：回想这十五年来，无论酷寒或盛夏，无论繁忙或卧病，从未放松过自己，勤奋地画了几百幅画，这些作品曾先后随他一起漂洋过海，如今再回过头来在广州——他成长的地方举办个展，不是因为作品太少，而是他有一个心愿：拿一些新的作品，哪怕是不成熟的探索，给观众们评说。

2004年11月，在几个学生的倡导下，梁世雄与教过的研究生在广州美术学院美术馆举办"丹青岁月·十二人画展"，参加本次展览的还有陈金章、陈永锵、张治安、刘书民、周彦生、陈新华、万小宁、苏百钧、李劲堃、朱永成、方楚乔。

2006年，大型画集《中国当代名家画集·梁世雄》由人民美术出版社出版发行。2月23日，南海举办"《中国当代名家画集·梁世雄》首发式暨梁世雄教授作品捐赠仪式"，南海区政府颁发"桑梓情深，德艺双馨"奖牌给梁世雄，梁世雄也将自己二十幅珍贵作品捐赠给南海博物馆。随后，梁世雄在珠江广场珠江画舫举办"平正风格——梁世雄画展"，展出近期作品四十幅及部分书法作品。

2009年，梁世雄再次迎来创作生涯里的高峰，他在这一年，创作了《明月松间照》《胡杨系列》等作品。同年9月，广东美术馆举办了"梁世雄绘画六十年"大型画展。作为自1985年第一次个展以来绘画艺术上的一次最全面展示，此次展览汇集了梁世雄从艺六十年以来创作的120余幅精品力作，清晰呈现了梁世雄数十载艺术探真道路上所形成的艺术风貌。

松涛飞瀑图 1995年 136cm×68cm

十一 / 筹建岭南画派纪念馆

梁世雄毕业后留校任教，直至1993年从教授、硕士生导师和中国画系主任职位上退休，近四十年教书育人，授业解惑，孜孜不倦。同时他既是岭南画派的传人，也为岭南画派的兴盛贡献着自己的力量，参与组织了岭南画派纪念馆的建馆工作。

据梁世雄回忆，岭南画派纪念馆最早酝酿建馆是在20世纪80年代中期，大概是1986年前后。这个想法缘起的推动，来自香港方面的提议。

当时香港有个企业家叫周成泰，他有一个侄子叫周耀奇，周耀奇的爸爸周朗山跟高剑父、高奇峰、陈树人的交情很深，曾经有段时间，经常在一起作画诵诗，尤其与陈树人交往密切。当时周朗山还与"二高一陈"一起举办了清游会，定期雅集。后来周朗山不在了，但是周耀奇因为爸爸的缘故，对岭南画派很有感情，与赵少昂等人的交情也不错。周成泰有一栋很大的别墅爱华园，这栋别墅三层楼高，在高速公路一边，鸟语花香，还有游泳池。周成泰儿子因为在国外定居，并不打算接管父亲的别墅，周成泰便准备把别墅捐出来。周耀奇得知这个信息后，找来赵少昂一起去动员叔叔，将别墅捐出来作为岭南画派纪念馆，让海内外岭南画派的传人来往都可以在这里雅聚。

当时这个消息传到广州，黎雄才、关山月先生都知晓了，于是上报学校，学校马上派出梁世雄前往香港介入这个事情的筹划。当时去香港可不容易，梁世雄只能通过香港的朋友帮忙买旅游票去，而当年的梁世雄也是囊中羞涩，住不起旅馆，只能借住同学家里。

在香港期间，梁世雄与周耀奇、赵少昂、杨善深一起去爱华园对周成泰做动员工作，这其中还有个特殊人物张中畔介入，他是"好世界"的大老板。张中畔对岭南画派、岭南文化很热心，他对岭南四老（关山月、黎雄才、赵少昂、杨善深）很尊敬，认为岭南画派应该得到良好的传承，也希望自己能尽点微薄之力弘扬岭南文化。

　　动员周成泰的过程中碰到一个难题，周成泰犹豫不决，始终不表态。过后梁世雄才得知，周成泰信奉基督教，而当时香港基督教的青年会也看中这个别墅，很喜欢，他们也同时派人游说周成泰将别墅捐赠出来当青年会聚会场所，最后周成泰将别墅捐给香港基督教青年会了。

　　这条路行不通，赵少昂当时表态说，广州是岭南画派的发源地，岭南画派纪念馆应该在广州建。当时内地经济不发达，没有经费，广州要承建这个纪念馆的工作，是很不容易的，但是建馆的提议已经提出，关、黎两位老先生也非常重视，于是两位老人家就开始考虑从民间筹款，学校对此也表示支持。在这样的因缘促进下，广州决定开建岭南画派纪念馆。

　　之后梁世雄开始奔波于香港与广州两地，筹集岭南画派纪念馆的建馆经费。建馆大概需要六百万元人民币，这在当时是属于很艰难的一个任务。广州美术学院为此专门成立了一个岭南画派纪念馆筹建委员会，关山月、黎雄才先生非常积极地筹划这件事情，他们为了筹款，不断地捐画，办画展，想了许多方法。尤其是初期，梁世雄经常陪着关山月、黎雄才先生去香港募捐。香港的梁知行先生捐了一百万元用于筹建纪念馆，关山月先生将自己非常喜欢的作品四幅梅花图赠予他。其他海外的华侨陆续知道了这件事，也捐款资助，从几百元到几十万不等。

　　黎雄才先生不仅捐献个人画作，还将自己收藏的与岭南画派相关的珍贵画作捐献出去。同时两位老先生很无私地将自己的很多作品都送给了纪念馆作为馆藏之品，比如黎雄才先生送了200多幅，包括他的重要画作，《武汉防汛图》的草稿之类的，以增加纪念馆的藏画数量。

　　筹款到位后，马上就是建馆工作的开展，广州美术学院将学校里最美的一块空地荷花池给了纪念馆，并商议请莫伯治出面设计纪念馆。当时广州美术学院的

上：1990年，梁世雄（左）到香港举办"岭南国画展"期间拜会赵少昂先生（右）
中：1996年，梁世雄（左）与岭南画派纪念馆总设计师、中国科学院院士莫伯治（右）合影
下：梁世雄（右）与黎雄才老师（左）合影于岭南画派纪念馆接待室

院长高永坚与莫伯治有很好的私交，带着关山月、梁世雄前往莫伯治工作室洽谈这个事。第一次见面，梁世雄没想到莫伯治就满口答应下来。莫伯治的参与令梁世雄很感动，一是莫伯治收的设计费非常便宜，只是象征性的；二是之后每次召开建馆研究方案会议，莫伯治场必到，非常认真。有一处细节，莫伯治拿出设计方案的时候，提出将整个纪念馆的底座即首层往地下沉一米。在莫伯治看来，这样的设计很大气，但是在梁世雄看来，却是心疼用地的浪费。因为是在荷花池的基础上建馆，如果下沉一米，就意味着600多平方米的建筑面积会因为潮湿的问题而无法使用。倔

岭南画派纪念馆

强的梁世雄据理力争，与莫伯治在这个问题上分歧很大。好在当时莫伯治的助手何镜堂觉得梁世雄的意见有道理，两人在施工的时候悄悄做了改动。那时的莫伯治已经是工程院院士，非常权威，梁世雄也不知自己从哪里借来的胆量，暗地跟何镜堂商量就在平地上建，建好了再告诉莫老。后来房子建好一层的底座，莫伯治一看，怎么搞的，建到一楼了，但是资金有限，不可能再去改动，所以莫伯治让了步，重新设计了大门，两条扶梯圆拱上去。设计成型后，所有人都拍手叫好，而且后来实施使用后，也发现确实是在平地上建更合理一点，要不画作的保存都会成很大问题，一潮湿就容易发霉，难以保存好，更别提展览的效果了。

在设计上还有一件事，梁世雄与莫伯治持有不同意见，就是纪念馆的楼层的设计。一开始，莫伯治觉得只有一层的建筑才漂亮，他追求设计的美感，而梁世雄追求的是多点实用性，在梁世雄看来，当时的这块地太金贵了，无论如何至少要搞两层。现在建了三层，还有旁边的副楼，如今展览众多，即使建了三层楼，都不够用。

大门设计还有一个细节，门口的设计原来是准备采用铜做材料，当时铜的设计要40万元，梁世雄专门去香港打价，觉得造价太高了。回来与莫伯治商量，莫伯治建议改用瓷片也很好看，还指点梁世雄前往潮州枫溪捡回很多窑口里的破碗破瓷回来贴上去，他很熟悉那里，说不用花钱，随便捡。于是梁世雄又组织了一队人马去捡免费瓷，然后交由工人施工，全部用在扶梯圆拱设计上。虽然偶有分歧，但在很多问题上两人还是意见统一，在经费紧张的情况下，莫伯治坚持油漆一定要用进口漆，可以防止发霉，而梁世雄也极赞成将钱花在点子上的做法。如今已经过去20多年，依旧没有发霉迹象，每每提到此事，梁世雄便像个孩子一样笑，觉得自己做对了一件事，将钱花得太值。

十二 / 频频报料　成人之美

　　梁世雄外冷内热，与他打过交道的人都知道，他非常热心儒雅，做事尽量为人想周到。前《羊城晚报》老记者赵君谋曾回忆，在他从事艺术类报道的工作期间，梁世雄时不时为他提供诸多线索，这在现在的新闻媒介称为"报料王"，他们向报刊提供有价值的独家新闻线索。在赵君谋跑新闻的年月里，有不少积极向报社提供新闻线索的热心人，梁世雄便是这类热心人之一，他不为名利所驱使，而是发自内心的责任感驱使着他自觉行动。他每次报料都只讲他认为有价值的新闻线索，从不提及他本人的作用，这点一直让赵君谋非常感动。

　　在那段岁月里，岭南画派大师关山月、黎雄才先生是在海内外享有盛誉的画坛泰斗，他们的一举一动往往受到新闻记者的关注。黎雄才先生平日甚少参加社会活动，很少在新闻媒体上抛头露面，加上他的住所不在广州美术学院，记者见到他的机会就更少了。在这种情况下，梁世雄教授便成为赵君谋最好的引路人和最有力的敲门砖。梁世雄是黎雄才先生的得意门生，对黎雄才的道德学问最崇拜，对他的生平状况也最清楚。梁世雄总是不厌其烦地向赵君谋等媒体记者讲解介绍，使赵君谋不仅增加了对黎雄才的认识，而且及时写出了多篇对黎雄才的独家新闻报道。

　　1992年春节，梁世雄向赵君谋报料：美院的几位教授、陈金章、于风和他等，准备在大年初一到黎雄才家里拜年，并且欣赏黎雄才新年开笔的最新创作。这是他们多年来的惯例。那会儿赵君谋正愁欲造访黎雄才而苦于不得其门而入，得知这一消息后自然喜出望外，初一上午立即骑着自行车赶往黎雄才在广州同福中路的住处。黎雄才当时住在一所比较简陋的古老民居，布置淡雅，沿着通往客厅的梯级上摆放着一盆盆鲜艳的时花，节日的气氛十分浓郁。年逾八旬的黎雄才一向健谈，这天兴致特高，非常热情地向赵君谋介绍他的新作《封侯图》。画面上两只正在嬉戏的猴子，一只猴子抓到一只蜜蜂，另一只蜜

2005年，梁世雄（左）拜访启功先生（右）

蜂侥幸逃脱，仓皇而飞。据梁世雄现场讲解，黎老的这幅《封侯图》巧妙地利用"蜂"与"猴"字的谐音相联结的方式演绎了《西游记》里美猴王受封的神话传说，真可谓构思含蓄，情趣盎然。赵君谋随后赶回报社写出八百余字的新闻特写《岭南画派大师黎雄才等壬申开笔——情趣盎然〈封侯图〉》，这篇比较有可读性的文章连同黎雄才的作品同时发表在次日《羊城晚报》第一版。

1992年6月初，梁世雄主动找到赵君谋，向他详细介绍自己不久前陪同黎雄才先生访问日本的全过程。这次为期一个月行程三千多公里的东瀛之旅，是黎雄才六十年后最惬意的一次旧地重游。20世纪30年代，黎雄才在他的恩师、岭南画派创始人高剑父的资助下，东渡日本，留学三年。六十年来，黎大师虽然曾两次到日本短暂访问，但均来去匆匆，这次他应日本友好人士二村宽先生的邀请，有充裕的时间探胜觅幽、追忆寻踪，了却了平生一桩心愿。梁世雄同赴其境，陪伴左右，所以他的介绍详尽具体，生动有趣。用不着再向黎雄才当面采访，赵君谋就写出了约1500字的通讯《六十年后觅旧踪，山川心境各不同——记黎雄才访日》，发表于6月5日《羊城晚报》第二版头条位置。

之后赵君谋一回想这些事，仍然对梁世雄感激之情油然而生。如果没有梁世雄的及时报料，他的诸多精彩的独家报道就难以诞生。

梁世雄还非常乐意成人之美。有一位文化记者，整天与画家打交道，很想拥有画家的作品。但他却因为害怕别人说三道四，错过了不少向书画名家索求字画的良机，这一切梁世雄都看在眼里。有一天梁世雄主动问他："我们相识这么久，为什么不见你向我要画？"那文化记者说："我不仅没有向你要画，也没有向你们国画系任何教师要过画。"于是梁世雄让他拿来一本册页，主动帮他将册页传给美院的画家，让他们每人为该记者画一幅，这对那位记者而言确有久旱逢甘霖、雪中送炭的感觉。他立即从家里取来一本册页，这册页还曾经请国内著名文物鉴赏专家、画家谢稚柳在封面上题"集锦"二字。梁世雄把册页先送往关山月府上，随后又送往黎雄才家。三个月后，梁世雄将册页还给那位文化记者，共十二幅，除了关、黎两位大师之外，梁世雄、陈金章、刘济荣、林丰俗、陈章绩、陈振国、方楚雄、刘书民、周彦生、梁如洁等熟悉的教授也均有画作。如果不是梁世雄教授的特别关照，这位文化记者就不可能拥有这些名家的作品。此后不久，著名人物画家杨之光教授从美国讲学回来，那位文化记者又请他在册页上画了一幅非常精美的《墨西哥女郎》。受梁世雄的启发和鼓励，这位文化记者再将两本空白册页分别送到广东画院和广州画院，请林宏基、沈文江两位画家代理，四年之后取回，两本册页均已画满，加上广州美术学院中国画系的一本，广州"三院"画家的作品基本上齐全了。

　　有时候，梁世雄会向长期跟画家打交道的文化记者透露一些消息，比如说春节期间凡去黎雄才先生家拜年的客人均可获得黎老的一幅书法作品。每次有机缘前往的人均大获丰收，满载而归……与人为善，成人之美就是梁世雄的待人之道。

十三／ **笔意墨韵的驾驭者**

　　梁世雄是当代著名的山水画大家，岭南山水画反映现实、贴近自然、笔法雄健、注重以形写神和敢于出新的优良传统，在梁世雄的艺术创作里得到了很好的继承和发扬。他的山水画艺术题材丰富多样，构成视野开阔大气，笔力雄起豪放，意境清新自然，传统的泼墨、破墨技法与现代性的和谐使他的画给人留下深刻的印象。对此诸多名家均有相应的评论，从这些评论中，我们可以看出，梁世雄一路走来，影响他艺术创作的因素是多方面的。这些要素，构成了我们解读梁世雄的基本语境。评论家们由此基本语境，在历史的纵横坐标对比解读中，对梁世雄的风格特色、艺术贡献、在当代画坛处于什么位置做出客观判断。

岭南派画家梁世雄的艺术道路

张　绰

　　读岭南派画家梁世雄的画，一种雄伟、秀蕴之气扑面而来，传统的泼墨、破墨技法与现代性的和谐使他的画给人留下深刻的印象。他是善思能悟的画家，他的山水画是一首抒情诗，是一支协奏曲；画中展示的大自然奇伟壮丽的景象，把人们带进了一个充满幻想而又可亲可信的美妙世界。你看，在他的笔下有沙田的广袤、水乡的秀媚、黄山的幻奇、南岳的神韵、喜马拉雅山的风骨、昆仑山的伟岸、长江的汹涌、珠江的宁静、漓江的迷蒙、雅鲁藏布江的平和，还有那富士山的磅礴、加州海岸的壮丽，以及藏北草原的辽阔和高原秋色的爽气……它们被融为新的整体了，不仅反映了山河的多姿多彩，也表现了画家的艺高胆大，使人们惊叹于画家何以能独创出这等气魄、这等雄强、这等富于诗意的自然与人生交融的画卷，我们从中感受到的是一种强有力的颤动的生命感，它就像乐谱上的音符在跳动，是飘忽于自然间的天籁。

然而，你可知道画家所取得的这些成就，是经历了一条怎样的艰苦攀登的道路？

梅花香自苦寒来

梁世雄1933年出生于珠江畔南海县的一个村庄。从孩提的时候起，他就被许多前来写生的画家吸引住了。他多么想同那些画家一样，把这美丽的南国水乡画进自己的画册里。他童年所得到的最珍贵的礼物，是舅父送给他的一盒水彩颜料。他的第一幅作品画在油纸伞上以换取一点工钱。他的启蒙老师是小学里的何湛机先生。然而，他真正踏入艺术的学府，是十六岁初中毕业后考进了广东省立艺专。1953年毕业于华南人民文艺学院美术系，同年再入中南美术专科学校（即广州美术学院前身）深造。1956年中南美专毕业后，学校本想选派他去波兰留学，学习陶瓷艺术，征求他意见时，他却选择了留校教学，跟从关山月、黎雄才两位岭南画派大师创建国画系，自己走上了国画创作的艰苦道路。他从关山月、黎雄才那里接受了笔墨基本功，又于苏联学院派在中国的影响昌盛时期，接受了高等院校设置的极其严格的素描课程训练，这对于他融会中西技法还是有帮助的。但是他的国画深厚功夫，还是在他当教师以后才逐步磨练出来的。他知道，不论是岭南画派的创始人高剑父、高奇峰、陈树人也好，还是他的师承老师关山月、黎雄才也好，都是强调要打好扎实的基本功。这就是既要继承传统，又要实现时代精神，还要创造出个人风格，而且要青出于蓝而胜于蓝。中国画的任务，就是要继承和发扬中国画的优秀传统，处理好传统、生活、创造的关系。特别是山水画，宋代已经发展到高峰，其中许多画理和技法都值得我们认真学习，只有继承传统才能发展传统，创出新路。

临巨然山水长卷 1961年 34 cm×466 cm

  正是由于他有这种自觉，所以在练习基本功方面非常刻苦，一是临摹古画，二是实地写生。他先是临董源的画。董源的山水多画江南景色，草木丰茂、秀润多姿、云雾显晦、峰峦出没、充满生机，人们往往用"平淡天真"形容他的风格。董源在艺术上所达到的高超成就，不仅采自对自然的精细观察，也是他善于把感受提炼组合为艺术的结果。这些手法从画理美学的角度来看，对继承传统是具有新的现实意义的。接着，梁世雄又学习巨然，看看巨然是如何师承董源而又超越董源的。巨然工画烟岚气象，笔墨清润，刘道醇称其善状"林麓之间"树木草竹"交相掩映，房分小径，远至幽墅，于野逸之景甚备"（《圣朝名画评》）。《宣和画谱》认为，他的种种描绘"真若山间景趣"。而米芾还特别提到"苏泌家有巨然山水，平淡奇绝"（《画史》）。美术史上的这些记载，更增强了梁世雄探秘堂奥的决心。正好他的至亲容庚教授收藏了一幅巨然的山水长卷，虽是复制，却是精工之作。1961年暑假，他就住在容庚教授家里临摹这幅长卷，达一个多月，每一局部，每一笔画，他都细心揣摩、研究。的确，通过这一个多月的临摹，他逐步认识到董源和巨然同样追求"平淡"，但是董源的"平淡"中有"天真"，而巨然的"平淡"却显出"奇绝"。也就是说，巨然对董源的"平淡"已经有所发展，这主要表现在他讲求结构，善于处理细节，因此能从真景中增添野逸的景趣，使整个画面增添了爽气的华彩，这正是董源画中所没有的。

  梁世雄在临摹董源和巨然的山水画中，也隐约感受到董巨画风的形成有一

个继承北方雄伟、浑厚画格的过程，他们所描绘的林峦深蔚、烟水微茫的江南山水，也是技有所本、意有所创，既是脱胎，又是发展而来的。为了探本溯源，梁世雄又进一步学习五代山水名家荆浩的画。荆浩重视写生，据说画松数万本，观察了崇山峻岭的壮美景色，囊括了唐人用笔用墨的经验，开创了以描写大山大水为特点的北方山水画派。梁世雄大致上弄清了南北两画派的渊源、发展脉络和各自的特点长处之后，心中就有数了。他认识到传统技巧是利器，只有熟练掌握它，才有利于创作；同时也体会到向前辈学习，不为前辈风格所囿，要博采约守，风格多变，才能创新和发展。

因此，梁世雄在认真学习传统的同时，也不断地深入生活，加强写生的实践，而且采用黎雄才用毛笔写生的方法，训练敏锐的观察力，落笔准确肯定。他曾带学生到粤北、怀集、珠江三角洲写生而且身体力行，不仅在写生中做出示范，也为自己的创作积累丰富的素材。至于他自己深入生活，"搜尽奇峰打草稿"，那足迹更是遍布大江南北，那万里行踪所描下的草图，更是难以计数。

梁世雄多年来师从关山月、黎雄才，使他印象最深而且得益最大的，就是他们严格、勤奋和不断求索的进取精神，这也是从高剑父继承下来的传统。关山月、黎雄才对待生活、对待艺术、对待劳动人民的态度，都体现了作为一个艺术家的高尚情操和高度责任感。他印象最深的是，1954年黎雄才和武汉人民日夜奋战在防汛抢险大堤上，不畏艰难险阻，以战斗的姿态画下了大量的速写，留下了最珍贵的形象记录。当人民战胜了特大洪水后，他尝试用山水画的形式，表现这一具有历史意义的重大题材，成功地创作出《武汉防汛图卷》的巨作。老师的这种勇敢精神，既体现在人品上，也体现在画品上，将永远激励着他奋勇向前。另一件使他难以忘怀的事是，1959年关山月和国画系师生一起，到湛江堵海工地深入生活，和民工一起推车、卸土，并肩战斗，并且多次出海，实地体验和速写围海大堤将要合拢的紧张战斗场面，回来后亲自作草图，和全系师生合作完成了《向海洋宣战》的巨幅国画。这种身教胜于言教的行动，永远铭刻在他的脑海里，这种榜样的力量是无穷的。

梁世雄在20世纪50年代后期就陆续发表作品，60年代的作品就更多了，其中有些作品参加过省和全国的美展，有的作品还得了奖。在《梁世雄画选》中，有一幅1961年的作品《椰林秋晓》，就颇能显示他学习传统、勤于写生所取得的成绩。那椰林的风姿、椰叶的勾勒和染色，以及迷蒙的海面，海滩上织网的渔妇，都表现出作者的笔墨功底。不过，总的说来，那个时期的作品基础虽扎实而灵气却不足，严谨而未能摆脱拘束，更重要的是见笔墨而未见风神，画家还没有自己独特的发现。

他真苦恼啊！如何才能跨上一个新的台阶？

他在思索，在探求，在准备新的冲刺！

妙写江山新风神

什么是画家自己独特的发现？这似乎是一个明白易懂却又难以说清的问题。梁世雄经过长时间的思考和实践，逐步弄懂了其中的奥妙。他体会到艺术应该师法自然，但是画家师法自然的目的不是单纯的模仿，而是要利用自然的材料来创造自己的东西。这里的关键，是画家要从自然中发现艺术美，而且这是饱含着画家浓烈激情的属于自己的独特发现,然后再用自己熟练的技巧把这个"心中之境"创造出来。而这一切都来源于画家对祖国大好河山真挚而强烈的思想感情,他对自然和生活才有独特的眼光,才能表现出今天的时代精神。

那么,反映画家对自然、对生活的独特发现,表现江山多娇的时代精神,具体是从何着手呢?梁世雄认为主要是抓两头:一是抓地方特点。从特点中揭示出其他艺术家尚未觉察到的时代生活的本质,发现其他艺术家尚未发现的新的美,从而表现时代精神。二是抓技法多样。对不同的自然对象,采用不同的表现方法。这两者做起来也不容易。抓地方特点,要有慧眼,有学识,有素养,还要有一瞬间的顿悟。抓技法多样,这就更是硬功夫,这包括取景、笔墨、意境等等的学问,更不是临时抱佛脚所能奏效的。所以,梁世雄从20世纪60年代后期到80年代中期这差不多二十年的时间,都一直在探索国画如何更好地表现时代精神的问题,这里面既有深入生活"搜妙创真"的创作实践,也有继续学习传统,有针对性地弥补不足,以及用书法入画,表现"有我之境"的努力。

先说抓地方特点。譬如黄山,人人都说黄山美,它究竟美在哪里?最迷人的是什么?黄山有奇松,有峭壁,有云海。梁世雄几次去黄山,有时一去就住上个把月,他发现黄山最美的是烟云变幻,神秘莫测,这就是黄山的特点。又譬如长江,一般人都注意画石,画山。梁世雄除了注意山、石之外,更主要的是研究水流。这水流既不同于黄河的咆哮,更不同于珠江的柔情,它是滚动着奔流的,正所谓"不尽长江滚滚来"。再譬如水乡,南国水乡是小河流水,河网交错,榕阴遮蔽,竹林掩映,充满着诗情画意,这和西北茫茫苍苍的高原,恰恰成了强烈的反差,高原的树要经受风沙的袭击,树头都很粗大,而树枝却嫩长。那种红柳树正代表了高原的特色,生命力顽强,生生不息。再说日本,许多画家都去过日本,然而画出日本山水画的却不多。梁世雄两次去日本,第一次主要是办展览,没有画成；第二次去了一个多月，回来后却画了二十多幅作品，主要也是抓住了日本的特点：富士山和大海。他围着富士山转，从各个不同的角度观察富士山，从晨曦、夕照、日中、月夜、风雪、雨后各个不同的变化来表现富士山。画海也是这样，既观察狂风卷浪的海威，也凝视风平浪静的海媚，在动与静中表现出大自然和谐之美。画家正是通过自然变化和感情的变化来体现时代精神。

再说抓技法多样。由于画家所描绘的自然对象不同，因而所采用的技法也不同。例如，画水乡的葵林，画家用笔丰润，水分充足，就像画未干似的，给人一种绿油湿润的感觉。画竹林也是这样，南方的竹林是密密的丛林，不像北方园林的几根疏影瘦竹。竹林生长水边，它有倒影，更显珠江的宁静，因此画家须用湿笔，才能进入"水晕墨章"之妙境。而画榕树却又不同，榕树苍劲弯曲，须根垂立，画家又须用勾线的方法，古拙的线条，才能显示出奇姿。而画高原的红柳，又须用粗犷雄健的笔墨，用夸张的手法来表现，才能显示其不怕风雪狂沙的不屈精神。表现日本的海涛击岸，以线条为主，又吸收了西洋表现水光的方法，用线与皴、擦并用，表现水光。画富士山的晨曦，用破墨法干湿相破，浓淡相破，连皴带擦带染一次完成。

根据不同的对象采用不同的技法，这就要求画家十八般武艺件件皆能，但这又谈何容易！学到用时方知浅，这时梁世雄又深深感到需要进一步学习传统，并且突破传统。譬如说构图吧，宋元北方画派的画家多采用全景式的、散点透视的构图法，这对于表现雄伟的气势以及高远、深远、平远的全景，自有其长处。但是，对于突出景物的特点，一眨眼就能抓住观者的视线，全景式的构图就显得无能为力。梁世雄研究山水画的构图，动了不少脑筋，他从南宋画家马远和夏圭作品的构图中得到启发。马远构图多作"一角"之景，远景简略清淡，近景凝重精整。明代曹昭说他"或峭峰直上而不见其顶，或绝壁直下而不见其脚，或近山参天而远山则低，或孤舟泛月而一人独坐"，颇能概括马远构图的特点，人称"马一角"。夏圭的构图常取半边，焦点集中，空间旷大，近景突出，远景清淡，清旷俏丽，自具一格，人称"夏半边"。梁世雄从这两位画家的构图特点，悟出要表现地方的特色，在构图上一定要集中突出，要夸张放大，因此他的构图常采用特写镜头，一下子就能把观者抓住。又譬如，他要解决前期画作严谨中仍带拘束的问题，又专门研究了石涛的作品，参悟"笔墨当随时代"和画得"活"的诀窍。石涛山水多取之造化，能生动表现出大自然的氤氲变幻和奇妙之处，技法不拘一格，随境界、意趣的不同而变化。石涛之所以画得"活"，一是善用墨法，枯湿浓淡兼施并用，尤其喜欢用湿笔通过水墨的渗化和笔墨的融和，表现出山川的氤氲气象和浑厚之态。二是运笔灵活，或细笔勾勒，或粗浅勾斫，皴点并用。三是构图新奇，力求意境翻新，尤其善用"截取法"以传达深邃之境。总之，石涛的画法千变万化，山水千姿百态，多方面揭示出客观自然之美。这些启示，对于梁世雄克服自己的不足，突破传统，发现自己的优势，都是很有帮助的。

　　梁世雄在长期的创作实践中还深深体会到，构图、落墨要"以我为主"，表达自己独特的感受，还必须进一步解决书法入画的问题，才有自己鲜明的面目。对于书法，他一直没有放松过。容庚教授很早就对他说过："我没有见过有哪一个字写不好的画家能成为杰出的画家。"关山月也一直强调："骨气源书法，风神藉写生。"因此在初期，梁世雄练字的时间并不比作画的时间少。他最早是学文徵明，这是画家的字，法度严谨纯熟，风格清俊秀雅，在画上题字最相宜。后来又临李北海，李的书法在真书与行书之间，结体似欹反正而舒，用笔遒劲舒放而生，富于个性特点。为了解决画与字变活的问题，他又着重研究了米芾的书法。苏轼说米芾的书法"超逸入神"；黄庭坚也说"元章书如快剑斫阵，强弩射千里"。梁世雄在临帖的过程中，也深切体会到米芾的字筋雄骨健，变化无穷，

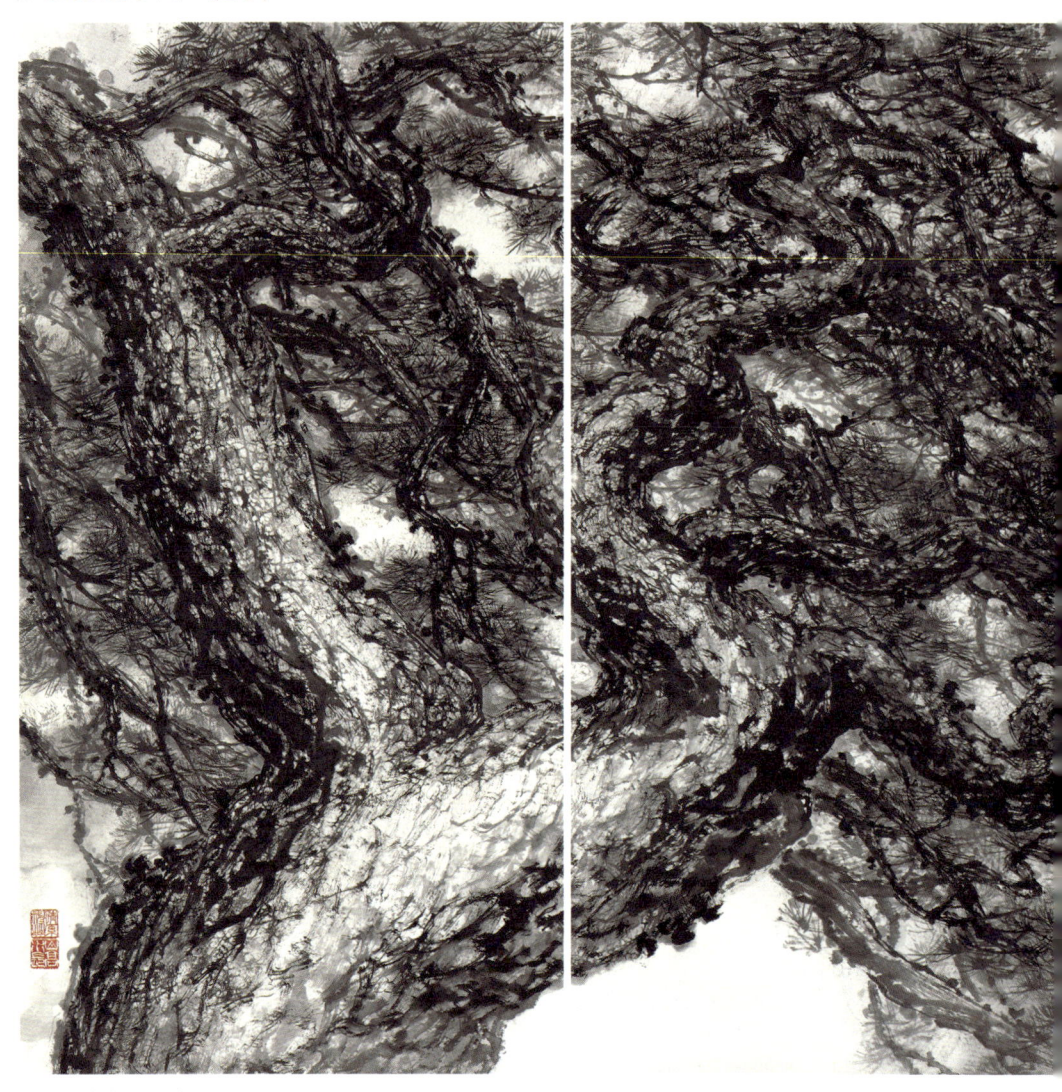

苍松万古春 2004年 180cm×392cm

　　这对他提高驾驭手笔的能力以及不断加深对线条美的认识很有益处。特别是通过对书法的研究，体味书法艺术的美学思想，对提高自己的素养，使画具有较高的品位，有密切的关系。所以，书法入画，实则功夫在画外，这是一种潜移默化的过程，但是这种弦外之意的画外画，正是表现我们东方精神的高超之处。

　　经过了这将近二十年的刻苦磨练，梁世雄的画确是跨上了一个新的台阶。如果以1985年梁世雄的画展为标志的话，我们欣喜地看到那一幅幅南国的绿水青山，那一幅幅北方苍莽高原；还有那一幅幅像梦幻般的黄山烟云，那云雾在山峰之间无边无际地漂流着，一直漂流出画外，让我们的思绪也跟着那烟云遥想画面以外的整个世界。这时我们看到了画家内心绵密意绪的表达，那是赤子之情的率真流露。这不仅显示了画家对国画艺术独到的领悟和理解，而且也让我们看到了画家

从图式到笔墨，从形式到意蕴都体现出的耐人寻味的新奇的美。特别是在技法上，梁世雄把写实、抽象、写意三者交叉吸收，丰富了山水画的表现力，使时代精神得到更好的体现。

我们先看看梁世雄最令人着迷的几幅黄山云烟图，《黄山之晨》近景是石山、奇松，远景是几笔淡色的山峰，它之所以淡，是因为清晨的薄雾弥漫，远看似有若无。你再细看，就在近峰的山谷之间，已经涌起了阵阵的云烟，它似在翻腾，似在往山峰升起。黄山的早晨万籁俱寂，然而万物苏生，一切生命都在躁动，就连那白云也在飘飞卷动。画家的这一精细观察，透露了黄山之晨是一种欣欣向荣的景象。另一幅《泼湿黄山几段云》，近景是泼墨的山巅，树林也是粗笔的写意，它要突出的是云彩。这云，近处拥簇滚动，似乎想把山峰推走；远处浓密漂流，又像要把黄山团团围住。这种意境，就像一幅动画片，把群峰矗立的黄山，通过云彩把它调动起来了。《云涌奇峰》在取景构图上又作了变化，近景是变幻着的云烟，中景是陡峭的高山，远景的山外又是迷蒙飘忽的云彩。画家在画上题曰："昔游黄山，雨后登天都绝顶，回望玉屏莲花诸峰，有此意境。"这种意境，正是雨后云烟，虚无缥缈，变幻莫测。这种饱含着东方美学的意蕴，正是中国艺术家的独到之处。再看看《数峰秋色立斜阳》也是写黄山，也是写云烟，但它抓住"立斜阳"构思，受光的山石用颜色来表现，色破墨，吸收西洋画表现光的方法，显得自然而又奇美；山峰用颜色勾线，主要表现斜阳光，这里吸收了多种书法用笔线条，显得很湿润。这斜阳照射的山峰和迷蒙卷动的云雾，不仅颜色强烈对比，在构图上也显得气韵生动。梁世雄几次黄山之行收获不少，他的佳作还有《云起黄山别样奇》《云绕莲花峰》《天都奇松》《玉屏雨后》《黄山云海》《黄山朝雾》等等，这些作品都表现了动态黄山的诗意，展示着生生不息的图景，描绘着心灵向往的境界。这种纵情写意的水墨，融时代精神于真山水中锤冶自家面貌，常能使观众感悟到他对大自然和人生的强烈的爱。

再看看画家描绘南国风光的看家本领：《水乡五月》是写荔熟蝉鸣时节水乡硕果累累的丰收景象。你看那压弯了枝条的荔枝树，那一船船满载而归的荔枝，那新建的两层楼房，那带着笑意的群山，那脉脉含情的江水，处处都洋溢着欢乐的喜悦，这不是幸福的春夏之交吗？不用标明年月，这样的水乡美景，只能出现在开放改革之后，出现在农民真正得到自主之后。《小鸟天堂》，这是巴金在散文里曾经描写过的场景，现在画家笔下不同的是，在那棵千百年的巨榕下，出现了几只小艇，艇上满载着农产品，是水稻、是香蕉，还是别的瓜果？画家只是用绿笔轻轻一抹，让读者自己猜去吧。但是，你可以感受到那几只小艇吃水的分量，仿佛可以听到姑娘们喧哗的笑声，它惊动了榕树上的白鹭，它们也拍着翅

榕荫晨曲 2000年 120 cm×245 cm

膀叽叽喳喳地飞起来了。如果你再细看那榕树，那苍劲古朴的书法金石味，实在足以把玩半日。但是，最有诗情画意的还要算《葵林曲》，它把你带进了浩瀚的葵林，带进了水天一色的美妙世界。那水墨的功夫，那湿润的葵叶，会给你透来阵阵的凉意。还有竹林摇动、小鸟飞翔歌唱的《晨曲》，山清水秀、船工摆渡忙的《春江晨渡》，以及峭壁雄伟、水瀑飞泻、林舍疏落、水船静泊的《江村如画里》等等，都是以概括的手法、精细的笔致、调和的色彩，描绘了南国江山美妙动人的景象，令人看后如喝醇浆，如痴如醉。

入室还须出门槛

梁世雄谦诚宽厚，永不满足，他的聪明之处，也许正在于他要不断给自己架起更高的标尺，要突破自己，超越自己。他长期跟随关山月、黎雄才学画，两位老师的艺术思想对他影响很大。但是，高剑父教学生就不主张学生像他；关、黎两位老师也一样，他们要学生兼容各派，创造出自己的风格。因此两位老师除自己亲身教学外，还利用各种机会邀请许多知名的画家前来讲学，既要吸收老师的长处，也要吸收各家的优点。先后前来讲学的知名画家就有北京的李可染、叶浅予、黄胄，西北的石鲁，江浙的潘天寿、唐云、谢稚柳、刘海粟、傅抱石、宋文治、亚明等。梁世雄从关山月那里学到了构图变化、取势，落笔大胆，收拾小心，即"笔未到，气已吞"，"剑胆琴心"，以及书法入画、重视"画眼"等长处；又从黎雄才那里学到落笔很有气势，注意贯气、渲染、层次、浑厚，以及笔墨的变化多姿等技法。另外，他还从许多知名画家前来讲学中受到启发。如潘天寿，其画破常规，创新格，布局敢于造险、破险，笔墨浓重豪放，有金石味，色彩单纯，气势磅礴。如傅抱石，线条纵逸挺秀，设色沉毅瑰丽，皴法融合诸家，善于将水、墨、色融合一体，达到诗意盎然的艺术效果。又如李可染，不仅结构

瀑 1993年 136 cm×68 cm

新颖，气势宽畅，而且墨色整体性很强。学习这些长处，对于跨出老师的门槛，创造自己的风格，还是很有用处的。

梁世雄要跨出门槛，首先从反映生活的角度寻找新的题材、新的对象。这新的题材，除了前面提到的反映黄山烟云，这是关、黎都很少接触的题材外，主要就是反映西藏和大海。梁世雄1965年至西藏深入生活几个月，他是中国山水画家第一个进入西藏的。新中国成立前，徐悲鸿、高剑父也遥望过喜马拉雅山，但那是从印度境内瞭望的。在梁世雄之后，也有一些画家去过西藏，但大都是画寺庙、信徒烧香拜佛之类的题材。梁世雄却是真正反映西藏的风光，反映西藏人民翻身后的喜悦以及雄伟神奇的喜马拉雅山。如《遥望喜马拉雅峰》《喜马拉雅松》《拉萨朝阳》《霜叶红于二月花》《往日哈则道上》《雪山林海》《湖畔晨曦》《高原初春》《高原秋色》《高原月色》《高原初雪》《高原牧歌》《雪山跑马》等等，一共二十多幅，而且都是经过十多年酝酿之后才创作出来的。至于画大海，除了关山月画过西沙群岛的海景外，黎雄才很少以大海为主题，而这恰恰是梁世雄所追求的题材，湛江的海，海南岛的海，日本的海，美国加州的海，都成为他作品中有特色的题材。

其次，在技法上运用破墨，使具象与抽象更好结合，以增强气势和立体感。黄宾虹说："破墨之法，淡以浓破，湿以干破。"梁世雄研究破墨之法多年，除了用干湿相破、浓淡相破的方法外，还用粗细相破、大笔与线条结合、泼墨与勾线结合，以增强气势和光感。例如，他访日画的《瀑》，那飞瀑的块面就是用破墨法，黑白相间，既显出水淋淋的动感，又见其气势磅礴的光泽。西藏的《高原月色》，那草原只用三下大笔横扫，既见飞白，又见湿润，那月亮更是用干湿相破之法画一个圆圈，既显月晕，又见气韵。他的破墨山水，也可算是一门诀窍。

再其次，在意境上也有画家自己的追求。黎雄才的山水来自写生，纯自然的东西多些。梁世雄追求人与自然的结合，意境新，情调新，表现现代生活的情趣，因此现代感更强。例如《昆仑山下》，那远山只是淡淡的几笔湿笔勾画，而主景的红柳却是粗笔破墨刷成，那红叶却鲜艳夺目，给人一种秋天收获季节的暗示。但是全幅画的意境，主要是通过一对青年男女赶马车的"画眼"来强化，起着"画龙点睛"的作用。这两匹黑白相衬的健马，跑得那样欢快，小伙子扬鞭吆喝，而姑娘背靠背坐着却又情不自禁地侧过头看那小伙子的得意神气。他们是运送青稞，还是双双去赶集？这里留给人们丰富的想象，但这就是今天西藏人民从奴隶变主人后的新的生活。画家就是这样善于从现实生活中发现最能反映本质的美。

梁世雄从题材、笔墨、意境等方面做出自己的努力，这就不仅跨出了老师的门槛，而且也区别于他的同辈，形成了自己独特的风格。由于他融合了岭南画派和北方画派的长处，又吸收了西洋的色光处理方法，因此其风格特点可以用"雄奇秀逸"来概括。这种风格，在1992年出版的《梁世雄画集》和1993年出版的《黎雄才、梁世雄访日画集》中都可以鲜明看到。他的一些作品如《昆仑山下》《高原江南》《喜马拉雅松》《霜叶红于二月花》《小鸟天堂》等先后由国家送到美国、日本、德国、比利时、澳大利亚、泰国、约旦及东南亚等地展出，读者赞扬的也是画家具有独特的艺术风格。

<h3 style="text-align:center">壮心不已再探求</h3>

梁世雄绝不想把自己的艺术追求打上句号。他主张有风格，无定格，要不断探索，既要突破前人，也要突破自己。他认为，写生是第一步，更重要的是升华为艺术。从平凡中发现不平凡的美，能够有自己独特的发现，就能够摆脱前人。当然，这种发现既需要画家有炽热丰富的感情，也需要有深厚高尚的素养。所

以，梁世雄一直都很注意学诗词，从诗词中吸取养料，学习诗人如何敏锐地观察大自然，如何感情充沛地讴歌赞美天地的造化。他也喜欢音乐，除了轻音乐外，还特别中意西北和西南的民歌，这不单可以愉悦心情，有时还会突然激发起创作的灵感和热情。另外，他认为要丰富自己，对古代、当代，对老中青画家的画都要研究。青年画家对新事物很敏感，有锐气，勇于探索，当然，往往还不够成熟。但是，青年人没有解决的地方，正是自己可以提高、解决的地方。

梁世雄下一步新的追求，首先是意境上的突破，要使意境有更多的内涵，给读者以更多想象的东西。意境就是作品通过形象表现出来的境界和情调。情与景是意境的两个基本要素。情景交融是其基本特征；追求感情的真挚、形象的真实和艺术语言的真切是其核心。梁世雄要进一步追求的意境，就是"画外的无穷之意"，即能引起读者的想象与联想，如身临其境，受到强烈感染，从而获得美的享受。1995年11月14日至21日在北京举行的"广州美院作品展"中，有一幅大中堂《秋声泉韵》，是梁世雄1995年7月完成的新作，它体现了画家在意境和笔墨上新的探索。这幅画是特写构图，左边是崖石大枝红叶，右下角是崖石小丛红叶，巨瀑没顶倾泻流过石堆，冲出画外。这幅画在意境上追求秋天的丰富多彩，光影交辉，变幻无穷。在技法上，用破笔泼墨表现石头，用湿笔勾线表现流水，显出湿润流动。红叶先用色画，然后勾线，显得光鲜浑厚，整幅画表现秋天的生命力，表现色彩斑斓的季节。你不是可以从这飞瀑泉声里，听到丰收的喜悦和时代脉搏的跳动么？

其次是墨法上的进一步探求。梁世雄认为，破墨的技法还是有很多的学问要研究的。破墨技法始见南朝萧绎《山水松石格》："或离合于破墨。"唐代张彦远《历代名画记》谓曾见王维、张璪的破墨山水。齐白石作花卉草虫，深得破墨之法，其多以浓墨破淡墨，少见以淡墨破浓墨。所以，山水画破墨还有许多领

樱 1992年 68 cm×68 cm

域需要深入探索。特别是中国的墨法非常丰富,要求也很高,如一要"活",即下笔要干净利落,干湿相宜,看上去滋润新鲜;二是"鲜",落笔爽利,自然鲜洁;三要"有变幻",淡中有浓,浓中有淡,诡谲离奇,变幻莫测。总之,这方面还有许多奥秘需要去探索。他目前正在致力于大破墨三大线条的试验,追求活而不飘,厚重而不板滞的效果,要用更丰富多彩的笔墨来表现祖国的壮丽河山。

再其次,是探索具象与抽象的结合,并且突破传统山水的静态美,转而用动态之美来表现新的时代风貌。这一点,在画家访日的画作中已经开始了尝试。例如《樱》,前面两株树干是用粗笔浓墨写实的,后面的一行行树林,却是用淡墨写意的。那密密麻麻的樱花,却又是用破色渲染的,它像彩云,像飞絮,在天空中漂流卷动,和那真正的浓云,又形成了鲜明的对比。而这幅画的"画眼",却是樱花林中三位穿着不同颜色和服的日本妇女,她们却是用细笔勾勒而成的。这幅画虚实相生,交映成趣,既显气势,又见精笔,可以远看,也可以细观。又如《精进湖》,也是一幅具象与抽象相结合的佳作。前面的几棵松树,粗细高矮不同,显得婀娜多姿,特别是松树的叶子,用的是工笔,松叶浓密而又显得通透。那前面的坡地,只用两三笔破墨与破色就完成了。那湖水也是用意笔涂抹,然而它利用淡色与宣纸的空白处理,形成了湖光波影。至于富士山,只用几笔大笔破墨以及山顶留白,就显出雄伟壮美的图景。这种具象与抽象的处理,正是显示画家的情趣、对自然和生活的理解,以及对其笔墨功夫的考验。

至于表现山水形态之美,这实际上也是从写生到艺术的一种升华。梁世雄的许多山水画都是着眼于动态之美,展示着生生不息的生态图景,描绘着心灵向往的境界。他喜欢画海,喜欢画烟云,喜欢画飞瀑,喜欢画草原跑马,画羊群蠕动,画海鸥飞翔,这些都是动态自不必说;就是单纯的静景、静物,画家也能使它静中带动。你看,那幅《山色有无中》,就是用大写意的笔法,用破墨带枯笔勾勒出半壁苍山，一脉江水。这山不见形，树也无踪影，一切都似乎要让你去想象，去补充。这种似有似无的景致，却突出一个"静"字。然而，它有一个"画眼"，即远处一条扬帆的船，在迷蒙中鼓起大帆，这一鼓帆，就使整个江面动起来了，你也仿佛看到了树动山摇。这种静中之动的妙处，就在于牵一发而动全身，让你思路大开。更妙的是《富士山丛林》，画上有几十棵松树，树长得较直，间隔也差不多，要变太多的花样是很难的，但是画家却能在树枝上花工夫。可能是风向的关系，这些松树的树枝都向右伸展，但由于每棵树的高矮肥瘦不同，它们枝叶伸展的姿态也就有所不同。这一变化，就使整个画面都动起来了，它就像舞台上一群跳芭蕾舞的姑娘，大家都竖起脚尖，然而各人都伸出玉臂在转动。这种大同中的小异，正是化静为动的奥秘。这种化静为动的功夫，既体现了生命的动势，也反映了画家的主体精神，更写出画家的感情与个性。

可见，这些方面要探索的空间还非常广阔。梁世雄认为，中国的山水画成熟最早，主要是中国的山水甲天下。中国的山水画家对名山大川要认真研究，这是我们国家的骄傲。中国画要走向世界这方面一定要突破。突破就是化法，化法就是发展。画不能无法，但是不化则无以用法；不住地化法国画才能发展。现代西方艺术史家贡布里希指出："有成就的画家，无一不对既有图式（程式）做斗争。"可见，化法乃见个性，这是一根主线，它贯穿着绘画艺术的发展，古今中外都不例外。

我们欣喜地看到岭南派画家梁世雄不断地突破传统、突破自己的历程，正好反映了岭南画派有顽强的生命力。这个画派后继有人，它在发展，在前进，在祖国丰富的山水画廊又增添了一批批能够感受时代前进脚步声的新佳作。

喜欢梁世雄山水画的观众，都期待着他不断有新的创造出现！

（本文载于《广州美术研究》，1996年10月版，作者为文艺评论家）

人与自然的和谐——梁世雄山水画略论

李伟铭

梁世雄是我的老领导,也是当今广东画坛具有代表性意义的老一辈画家之一。像许多同辈艺术家一样,梁世雄在具体的行政事务中虽然退休了,但在艺术上却进入了另一种光风霁月的新境界:他可以更为冷静地反观自己的过去,更为从容淡定地调整自己的艺术状态,更为自由自在地画自己的画。新编《中国当代名家画集·梁世雄》,就是一部具有里程碑意义的作品选集。

从梁世雄的艺术历程来看,上个世纪70年代以前,主要从事现代人物画创作,此后,全面转向山水画。山水,构成了梁世雄艺术视野中的主要景观,其中既有家乡的南国葵园,也有塞北的雪山草原、阿里山丛林以及东瀛岛国的云山雨雾和尼亚加拉大瀑布……它们既是真实的客观存在,也是构成梁世雄情感世界的重要元素,并在事实上,变成了梁世雄的生活道路的缩影。

什么是真正的山水画,是一个近乎常识但又不容易清楚回答的问题。南朝宗炳所写的《画山水序》,可能是最早试图回答这个问题的权威性文献。孔圣人说过"智者乐水,仁者乐山",所以宗炳认为"山水质有而趋灵",可以"以形媚道",游山玩水非但不会玩物丧志,相反,它是践履圣人"以神法道"的精神生活方式的有效途径。因此,当老之将至,"不能凝气怡身",遍游天下名山,退而求其次——"画象布色,构兹云岭"——在图像的世界中,同样能够体验到"峰岫绕巍,云山森眇,圣贤映于绝代,万趣融其神思"的乐趣。

在上述古典绘画艺术的所谓"畅神"说中,自然山川变成了圣贤之道的物质载体,天地悠悠,物我同一。魏晋以降,厌倦人事,山林遂成乐土。萧寺云林,寒溪独钓，以及类似的洞天福府，也就成了知识分子理想的"卧游"场所和中国画艺术历久不衰的核心主题。近代以来，在自然景观中添加电线杆、火车隧道等物象符号以突出绘画的"时代感"，当然也可视为这种古典传统在特殊情境中另一种形式的延伸。换言之，天变，道亦变，没变的，只是两者的逻辑关系。

在此前议论梁世雄山水画的一篇短文中，我曾提到，如果说，人物画家与人物画的关系可以描述为以大自然为背景的人与人之间一种超乎形骸之上的默契的话，那么，在山水画中，画家无非借助客体的启示，把梦醉天机的主体"还原"为物我同一的视觉图像而已。表面上，描绘的对象变了，实质上，无论人物画还是山水画，都毫无例外地表现为艺术家对人的本质意义及其存在价值的追寻和确认。正是在这一意义上，我把梁世雄的山水画与人物画看作在内容上互相渗透，在形式上互相补充的整体。

如众所知，梁世雄首先是一位有成就的人物画家。1959年，所作《归渔》已被选刊在新中国人物画发展史上具有示范性意味的《现代人物画选》（人民美术出版社，1962年）中。50年代末期，梁世雄曾在岳父容庚教授家中临摹过巨然及沈周的山水画真迹；但在50年代的美术院校中，素描加彩墨毕竟是一位青年艺术家首先必须熟习的法定语言范式。《归渔》以及其他人物之作证明，梁世雄对这种写实主义语言的掌握已到了得心应手的程度。当然，得自容庚教授的熏陶，可能为他于1958年成为中国画系山水画课程助教埋下了伏笔；但他从黎雄才、关山月两位大师那里得到的鼓舞和启发，无疑是促成其在艺术实践中转向山水画更直接的动力。因此，在梁世雄的艺术风格中，可以看到关、黎两位大师的影响，一点也不奇怪。特别是在近年以台湾风光为主题的巨幅山水画创作中，梁世雄继承并发展了关、黎视野壮阔、笔力雄健的特点。就此而言，将梁世雄视为黎、关之后岭南画坛的山水画大家，一点也不过分！

嘎拉湖畔 2005年 48cm×48cm

必须强调的是，在艺术上，大师荫庇并非总是能够成为自我发展的直接动力，相反，在大师虔诚的追随者那里，人云亦云经常是一种有效消解自我进而消解大师功业的力量。梁世雄是少数例外。正像我们所看到的，虽然在梁世雄笔下出现了譬如《月出峨眉照苍海》《青山万叠云无尽》这样"纯粹"的山水画，但更多的还是《霜叶红于二月花》《嘎拉湖畔》《高原初雪》等等集"人物""山水"于一体并明显兼及情节性刻画的"山水画"。当然，还不能说这种对象选择的偏颇已经全面、准确地呈现了梁世雄的美学品格，但有一点至少可以肯定，在山水画实践中，梁世雄清醒地意识到了他在人物画创作中积累的经验的价值，并且，恰恰正是这种"先入为主"的经验，有效地拓展了梁世雄的艺术世界，从而，使他在关、黎风格笼罩岭南山水画坛的当代情境中，找到了自己独立自存的位置。

譬如，在《嘎拉湖畔》一画中，梁世雄以精致的笔触勾画了一对放牧的情

鹭乡晨曲 1989年 180 cm×98 cm

侣，以小见大，突出了浑茫壮阔的视野中微妙复杂的空间层次的变化；《高原初雪》用渴笔焦墨画出的巨松与湿笔烘染的雪山构成了强弱互搏的结构对比，纵情奔驰的双骑，更进一步强调了自由奔放、生气勃勃的律动之感。在梁世雄的所有作品中，《鹭乡晨曲》无疑是一件倾听天籁的精品，花青、石青及积墨加重、加深水畔竹荫蓊郁葳蕤的整体量感和力度，密集的竹竿排线之间恰到好处的透光处理，既推进了画面视域的遥深感，同时，也与波光澄净，白鹭轻飘等视觉元素构成了凝重而不失轻灵的优美节奏。因此，从某种意义上来说，融化在梁世雄山水之作中的温馨的人情味，也是早期所作如氤氲于《归渔》等人物画中的那种温润芬芳的生命意识的延伸与升华。

梁世雄长期执教于广州美术学院中国画系，并从上世纪70年代末期开始担任系领导的工作。他的踏实严谨的个性，既是其稳妥渐进的艺术状态的内在依据，也是确保他在艺术探索的道路上不温不躁、持之以恒的保证。也许，这种偏于稳妥的选择会使梁世雄失去以"大破大立"为形式，以"变异求新"为目的的欣赏群，但可能正是这种踏实求稳的心态，使他在有限的变化中获得了对自己稔熟的感知世界更进一步的理解和肯定。因此，认真阅读梁氏新编画集很容易发现，70年代以《沙田新秀》为代表的那种平铺直叙的叙事结构，在80年代后期所作的《鹭乡晨曲》中，已逐渐转化为简洁明净的抒情结构了。我认为梁世雄所追求的人与自然的和谐，在他近年所作的以台湾风光为主题的巨幅创作中，已被推进到了另一种光风霁月的境界，道理也在于此。完全可以肯定，梁世雄旺盛的艺术生命力，必将在这种从容不迫的艺术状态中，获得更辉煌的表现！

（本文载于《当代逸品·梁世雄卷》，岭南美术出版社，2009年，作者为广州美术学院教授）

十四 / 画家论艺

关于山水画写生

"师古人不如师造化",宋代范宽说过:"古人不足师,当师造化。"清代石涛谓:"古人须眉,不能生在我之面目,古之肺腑,不能安入我之腹肠……"都很强调面向自然。艺术贵在独创,因此,要求把我们过去学到的一切基础,都体现在这次写生上,要全力以赴。在艺术上不付出巨大的努力,要想有点成就是不可能的,做任何学问也是一样。写生一定要有自己的感受,有自己的审美观,在自然里选择什么,表现什么,都体现了作者的审美观。作为造型艺术——绘画,这点是首要的。在生活中,如果自己不激动,画出来的东西就很难使别人激动,作为一个艺术家,一个美术工作者,必须要善于发现别人没发现的美的东西,这反映了作者各方面的修养。

中国画要出新,要发展,要靠我们一代人、几代人的努力,如果照搬古人的技法,或把西洋的一套办法照搬在宣纸上都是容易做到的。要在传统的基础上,吸收现代的优秀艺术技法,做到既有时代精神,又有民族风格和民族气派,那就要付出很大的努力。

一、理法与情意

在开始写生练习时,我想首先谈谈在国画艺术中理法与情意的关系。齐白石谈过:"善写意者,专言其神;工写生者,只重其形。要写生而复写意,写意而后复写生,自能形神俱见,非偶然可得也。"

我们初学临摹、写生,均着重研究理法的问题。要研究前人的画法、画理,熟悉和掌握用笔、用墨的一般规律,以及如何运用各种不同的笔墨技法,表现各种不同的对象。风景写生就是研究自然的课题,就是要研究熟悉各种不同的对象,起码要求形象准确。对于形象准确,人物固然艰难,山水也不容易,因为自然景物放在画面上,要缩小很多倍,许多人就不习惯。我们常常见到不少初学者,要写生一棵树,往往画面摆不下,写生一座山,就更难,何况要画树从山峦重叠、崇山峻岭,那就更没办法了,这是习惯的问题。在自然界中,我们能够迅速把握住美的、有意义的东西,并很快组织成画面,那是不容易的。要做到构图完整、画面生动、布局自然,并且要表现出整幅画面的空间感和各种不同的对象的质感,那就必须要经过各种取舍和处理。能够表现出对象的质感和结构规律,作为搜集素材,目的是达到了;作为风景写生还要表现作者的情意。理法易授,情意难传,对诗词格律很熟练,不一定是一个出色的诗人;句法、语法很熟练,不一定能成为一个好作家;同样,指法很好也不一定能成为一个很好的演奏家,最重要的,还是要表达作者的思想感情。

对于笔墨技法,艺术的一些基本规律,努力下一番苦功夫,是能逐步掌握的。情意的问题,就是表现在画面上的情趣、意境,那是谁也不能代替的。同样的事物,不同的作者,不同的经历,不同的个性,不同的情操,有着截然不同的态度,也就是不同的感受,这和每个人的阅历、性格、艺术修养等等都有很大的关系,最根本就是审美意识的问题。

如果对事物冷冰冰,是不可能画好的。在自然界中,画什么不画什么,这是体现作者的不同爱好、不同感受。如新会这个地方,不少省内、国内画家都去过了,石鲁一去便画了《家家都在花丛中》,作者对这个地方有充满热爱的激情。去过延安,我们感到石鲁同志对黄土高原是有很深厚的感情的。很多本来比较平淡的东西,经过诗人一描写,便使人很向往,如《寒山寺》中"孤苏城外寒山寺,夜半钟声到客船"这两句名句,诗人写得有声有色,使人产生很多联想。对长江、瀑布,自古多少诗人歌颂过,但都比不上李白的名句,至今仍广为人们传颂,主要是他的广阔胸怀,思想感情的丰富和知识修养渊博,富于浪漫的联想。

1.立意——意在笔先。要表现什么,这是首要的问题。这次写生,以树为主的小景构图,不要太复杂,选择好一两棵树画好,本身就可以成为一幅小品。要求观察要深,画好一两棵树,也可以产生各种新鲜的构图。许多同学问:这次写生画什么?广州没有奇石可画，但广州也有不少好的地方值得表现。这里，我的几幅构图大都是画树的，主要供同学们借鉴。中国画构图还有许多规律：俯视、三远等等。

2. 构图——六法中所谓"经营位置"，这是要花很大的力气的。一幅风景画，构图是否新颖，第一印象很重要。宋画册页，画面很小却是很严谨的。在构图上要注意疏密聚散，要注意平衡，要注意空白。中国山水构图的习惯是把近景都推到中景来画，这样物体之间透视较少，增强构图的完整性。前面画几个大屋顶，摆得满满，便感到很难看。在构图时，要注意取舍、剪裁，要处理虚实，这都是国画优越的地方。虚的地方可以完全空白，不画东西，所以有些外国的画家说中国画是抽象派。其实留有余地，让观者去联想，只画鱼不画水，别人不会说鱼是在陆地上走；只画人走路，不画地，别人不会说他在水里走。要相信观众有想象力。

哪里落墨，哪里空白，只要安排好画面就很精神。为了突出重点，繁琐的东西可以高度概括来表现，简单的事物可以刻画得很细致，主要看画面需要。希望大家动笔前先画小构图，看看效果，再画大，每一步都要严肃认真。

3. 观察、研究、分析——要深入观察分析对象。观察不深入，表现不可能细致，初学者这方面的锻炼特别重要。"万物静观皆自得"。往往动手多，观察分析少，这次临摹普遍都存在这个问题。当然，观察力与经验、实践有关。

中国画要求既可远观，也可近看，远看求势，近看求质，是和西洋画不完全相同的地方，也是民族的欣赏习惯。近景的东西，一定要有刻画细致的地方，因此我们画一样东西，往往要走近四面去看，不管画什么，都要选择角度，画山、树、石同样要注意选取角度。

4. 着色——所谓"随类赋彩"。染色应从对象出发，但要注意提炼、概括，要注意基调。中国画也是注意冷暖对比的，如浅绛山水，就以花青、赭石做基调，本身就是冷暖对比。落笔用墨从局部入手，染色从整体入手，一开始就要注意整体气氛。染色经常由于心急会染坏的，初学者都想很快看到最后的效果。色彩也要设计、要概括、要提炼，中国画的优秀传统从来都是反对自然主义的。中国画着色的打底色很重要，一般用石青、石绿、朱砂等不透明的矿石质颜色，都要打底色。不同的底色有不同的效果，如石绿可以用赭石打底，也可以用汁绿打底，赭石打底较亮，花青调藤黄汁绿打底比较厚。有些水彩、水粉也可以掺着用，有时比国画颜色效果还要好，如水彩的粉绿，我也常用，主要是有些国画颜色质量不好。国画用色一般都沉着、清新、幽雅，当然也有金碧辉煌的青绿山水，只是一般的习惯而言。

二、关于山水画的构图

中国画之构图，六法中提出所谓"经营位置"，这是比较复杂的问题，而且构图和构思、立意都是有密切联系的，和作者各方面的修养有关。自然界本身是千变万化的，山水画的构图也是千变万化的，不可能记住几条规律就能解决好构图问题。然而，我们如果能懂得一些中国山水画构图的基本知识，对于我们到生活中去写生和创作是会有帮助的，但不能变成公式化。对于抄袭前人、毫无生气的构图，历代有成就的画家都是反对的。

中国山水画的构图，有所谓"分疆、三叠、两段"的说法。所谓分疆，从山水画来说就是远近位置的安排；三叠，就是第一层是地，第二层是树，第三层是山；两段，景在下边，山在上边，云在中间。我们看到不少专事临摹的古画，许多都是离不开这类构图，由于脱离生活，所谓自己创稿，也只是把临摹学来的山石树木搬来搬去，因此画面没有生气。清代画家石涛主张构图要打破陈规，出奇制胜，别出心裁，因此提出要"搜尽奇峰打草稿"，"搜尽"两字很重要，说明构图是一件很艰巨的事。石涛认为"分疆、三叠、两段"看来毫无变化，似乎是缺点。自然本身是有这样景色的。古诗云："到江吴地尽，隔岸越山多。"这是站在钱塘江的北岸看南岸的景色，有时看起来好像一般的东西，但处理好也可以不一般。因此要提高构图能力，关键是要到生活中去，多作速写和写生的锻炼。要从书法、戏剧、舞蹈等多方面吸收营养。

下面谈谈中国山水画构图应注意的一些特点，只是个人的体会，供同学们参考批评。

1.首先要知道中国画的构图很注意空白布局,所谓"知白守黑",虚实疏密,布局要全盘考虑,初学国画往往很不注意这个问题。画面的四条边线和整幅画面大小空白的布局,都要注意变化。疏能跑马,密不通风,看画不但要看到画之实处,并且要看画之空白处,而且虚处比实处更难,如远山、烟云、远岸等等,不易处理。凡上下左右的空白处切忌平均,花鸟画在这方面特别讲究,包括题款对于构图和空白布局的变化都起很大的作用。所以传统绘画的诗、书、画、印是一个整体。这是中国山水画构图区别于其他绘画的主要特点之一,也是山水画构图灵活性之所在。不少别的画种包括摄影艺术,近年来不少水彩、水粉等都很注意吸收中国画"知白守黑"的长处,都注意吸收了中国山水画构图的特点,烟云处理得很好。相反,我们有些同学学了几年国画,由于平时不注意研究中国画构图的这些特点,从创作到写生都感到国画的构图特点不强。

2.山水画取景构图,特别要注意空间、深度,远近疏密关系都是虚实问题。

北宋画家郭熙提出来的,山有三远:高远、深远、平远。

高远:自山下而仰山巅,谓之高远。

深远:自山前而窥山后,谓之深远。

平远:自近山而望远山,谓之平远。

从这里可以看出古人很重视透视变化对于构图的关系,这对于山水画写生帮助很大。

后来也是北宋人的韩拙又提出增加三远:阔远、迷远、幽远。

阔远:近岸广水、旷阔遥山者谓之阔远。

迷远:烟雾溟漠、野水隔而仿佛不见者。

幽远:景物至绝而微茫缥缈者。

以上谈了六点,都是强调突出一个"远"字,也就是空间感的问题。要在平面上表现出深远的效果,对于山水画来说,特别重要,因为一幅斗方或册页的山水画,往往要表现十里、数十里空间。南朝画家宗炳著《画山水序》中云:"竖画三寸,当千仞之高,横墨数尺，体百里之回。"也就是说，要在有限的画面，表现无限的境界。为什么一般厅堂陈设往往喜爱挂一些山水画，原因也在这里。一幅好的山水画，挂在客厅里，往往使人增加开阔、深远、幽雅、舒畅的感觉。因此，山水画从布局、笔墨浓淡虚实处理、色彩的冷暖对比等等，都是要增强画面的层次和深度，即西洋画的所谓空间感。因此山水画表现空间比起局部质感的刻画更为重要，这是山水画和人物、花鸟画所不同的一个重要方面。

3.势与质的关系，远看取势，近看求质。山水画构图的习惯，往往把景物推到中景来处理，为了使远近透视不要太大，往往把近景推远，也就是把近景缩小，画面显得气势更大。丈山尺树、寸马分人，画面大体的比例布局，如山上的建筑物，特别是在近景，宜缩小不宜画大，一画大境界就小。在生活中写生往往有这样的情况，如自己写生的立足点是在悬崖峭壁的地方，后面不能退了，前面景物太近，一两棵树便把后面的层次遮住了，这样便可设想自己退后来画。中国山水画写生视点是可以移动的，人也是可以走动的，这样构图变化就更为灵活了。搜集局部素材宜近，写生构图宜推远。

4.山水画构图中要注意的忌病。

元代饶自然在《绘宗十二忌》中谈到不少在构图时要注意避免的毛病。

（1）布置迫塞：不注意疏密虚实关系，不理解疏能跑马，密不容针的对比效果。

（2）远近不分：缺乏空间感。

（3）山无气脉：不注意山峦起伏连绵，主峰与群峰呼应关系。

（4）水无源流：画泉水不注意来龙去脉。

（5）境无夷险：构图平淡无变化。

（6）路无出入：路没有萦回隐现的关系，往往感到单调。

以上都是谈了在山水画构图中的一般弊病，也是我们初学者常犯的毛病，同时初学者对于画面空白大小和四条边线的处理很不注意，往往不是上下平均，就是左右平均，或是四边塞得很死，或是四边处理松散，缺乏节奏感，因而画面平淡。

总之，要提高山水画的构图能力，最根本是要在生活中多练习写生和速写，在实践中不断提高自己的审美能力。

最后，想谈谈学山水画的还要注意人物、动物、舟车、建筑等的速写练习。有的本来人物头像，全身都画得不错，但到画风景的小人、小动物就画不好。因为在山水画中要求表现方法很概括，人物首先是要抓动态，建筑物主要先抓外形结构，这些东西画好了在画面构图上往往起到点睛的作用，就是画眼的作用。而我们初学者总是把这方面忽略了，在画面上不但起不到点睛作用，相反会起破坏作用，因此要靠平常多练习，画眼部分有时要比画面的其他部分花多几倍的工夫。

三、关于山水画的色彩问题

山水画的色彩问题不单是一般的着色、烘染的方法问题，比较起来，中国山水画笔墨技法从实践到理论都是极其丰富和成熟的，但专门论述色彩的，相对来说不是那么系统。当然，中国画的笔墨是首要的，但传统山水画的色彩也是多样的。近年来我们对这方面研究介绍很少，使人感到山水画色彩变化单调。由于时间日久，好些富丽色彩的绘画，特别是卷轴画要保留多年不容易，给我们研究古代绘画的色彩，带来一定的困难。中国古代称绘画为"丹青"，因为常用朱红、青色作画。黄宾虹谓画法先有丹青，后有水墨，在山水画中有所谓"金碧山水""青绿山水""浅绛山水""水墨山水"等等，金碧山水我们现在很少有人画了，因此对于山水画的用色特点和规律，我以为同样要很好地继承和发扬。

时代是前进、发展的，现代的建筑设计、环境美化、厅堂陈设等不同，人们的欣赏习惯也随着时代的发展而变异，因此对中国山水画的色彩问题也要不断探索和发展，包括古今中外绘画的色彩都应研究吸收，作为营养和借鉴，但不能代替自己的创造，同时不能舍本取末，一味追求色彩而忘记了笔墨，任何时候笔墨都是首要的。

中国画论中南齐谢赫所举的"六法"，提到"随类赋彩"，从字意来说，就是根据不同的对象敷设色彩。一般来说，中国画的色彩比较习惯于根据对象的固有色来概括、提炼、夸张；中国画对色彩和笔墨同样要求洗练，因此到室外写生不受光线变化的限制。过去潘天寿先生谈到中国画色彩要求"清爽"，这"清爽"二字，我以为包含有幽雅、明快、清新、单纯之意，这要求和中国画的笔墨是很协调的。

下面我想谈谈山水画色彩的一些特点和应注意的一些问题。

1. 关于色调问题。

初学者常犯的毛病就是不注意画面的整体色调，或者以为只有西洋画才注意色调，中国画不注意色调，这都是由于缺乏研究而产生的误解。其实中国画历代的许多大家，用色都很注意色调的统一，如春、夏、秋、冬四时景色不同就有不同的基调。

山水画中，花青、赭石可说是两种主色，这两种色是别的颜色所不能代替的。有人以为山水画只有花青、赭石很单调，当然，我们不能满足于这两种颜色的应用，但花青、赭石两种基本色用好也使人感到很丰富，这两者本身也有冷暖对比的作用，特别是它和中国画的墨色很协调，使人有幽雅之感。像浅绛山水着色，就是以赭石作基调，以花青点苔、染树，在此基础上加上淡淡的青绿，一般叫小青绿，使人感到浑厚和谐。

还有，中国画往往以丰富的墨色作基调，而衬托小块面积的着色，使画面显得既单纯而又丰富。清代石涛、梅清常用此法，显得很高雅。中国画所谓墨分五彩，墨色用得好，本身很丰富，有些黄山的黑白照片比彩色效果画好。在这里特别要提到的，是要色不碍墨，不要因着色而破坏了笔墨的精神。我们常常遇到这样的情况，一幅画笔墨比较满意时，是不想随便着色的，相反，有时笔墨有点毛病想用色彩来掩盖。过去黄宾虹先生认为石涛在墨法上争上游，我以为石涛不但用笔用墨很活，用色也很活，往往天、水、山色浑然一体，很注意色调的统一变化，整体感很强，值得我们很好地研究学习。

2. 关于渲染、烘托问题。

中国山水画用色，一般来说要求薄中见厚，要深厚华滋，那就要注意渲染和烘托的功夫。因此，着色往往不能一次完成，要层层渲染。所谓渲染，就是用淡墨或颜色烘染物象，以增强物象的体质感和空间感，要分出阴阳向背和明暗关系。所谓烘托，就是用淡墨或淡彩在物象的轮廓上渲染衬托，使其明显突出，如在树干的外边用赭石或花青勾染，以突出枝干和增强前后关系，如：烘云托月，通过染云而突出月亮的轮廓等。

一般来说，落笔是从局部到整体，染色是从整体到局部，首先用淡墨渲染，然后着色，层层加厚，特别是着色无论工笔、意笔都要注意用笔，否则容易板滞和单薄。

以上谈的都是一般的着色步骤，有时连皴带染、"拖泥带水"，一次基本完成，有时要趁墨未干就要落色，有所谓破墨法、破色法等等，许多办法还要我们在实践中探索和发展。

3. 关于临摹问题。

一个有出息的艺术家必然要面向生活，向大自然学习，这是毫无疑问的，但历史上许多富有创造性的杰出的艺术家，都不否定临摹的作用。认真学习传统与主张独创应该是统一的，学习书法更是如此。历代许多有代表性的书家，都是在认真学习前人的经验基础上加以创造，如宋代米芾书法上成就很大，但他仿别人的作品简直可以乱真。我们也许听过齐白石临摹学生的画的故事：传说齐白石看到学生谢时民在课堂作了一幅《梅鸡》的画，齐看了很喜欢，觉得很好，希望借给他临一幅，一个星期后，齐老把学生画的和自己临的拿回来，征求学生的意见，把自己临的和他交换，这说明齐老的虚心，另一方面也看出一些富有创造精神的大师，都不忽视临摹的作用。我国书画艺术传统不但成就很高，从理论到实践的经验确实太丰富了，对其精粹，一定要认真吸收学习。

临摹不单纯是为了练手，提高笔墨技巧，更主要的是要通过临摹，提高自己的审美能力，丰富表现手法，有些精品光看还不成，通过分析、观察和动手临摹，体会才能具体深刻。有些作品看起来很平凡，真要临起来才体会到不容易。我们不要求表面的仿古，而是要求学到东西，为我所用。向古人学习，是为了今天的活人；向外国学习，是为了现代的中国人，我们绝不能跟在古人的后面固步不前，更不应跟在西方没落腐朽的艺术后头亦步亦趋。

艺术的探索、创新离不开对生活和对传统的研究。在生活、传统的基础上探索，才有广阔的前途，否则会走向死胡同，变成脱离人民、脱离时代的枯竭的溪水。

许多有成就的画家都抱着甘当小学生的精神临摹别人的作品，李可染先生称自己是"白发学童"，说明"学而后知不足"。自满的人往往是由于不学习，或者说是无知。在临摹之前，首先要对作品认真进行分析：用笔的特点、浓淡处理、整体效果，分析比较透了，临起来收获便较大。临摹一定要按照自己的能力，循序渐进，如果没有基础的，一定要从树石入手，这是山水画基础中的基础，这步做不好，以后很难补回来。首先要练习如何用笔以及用各种不同的线条组织，表现对象的体质感和空间感。树石有一定基础，再临局部或小景，这样才能打下扎实的基础。开始时强调注意浓墨干湿笔的变化，然后逐步研究浓淡变化。中国山水画要求气质俱盛，既可远观，又可近看，远看求势，近看求质。如果连画好一棵树、一块石的基本功都不掌握，要画好一幅山水画就很难。

在学习态度上，不要贪多图快，认真临好一幅，比你马虎潦草地临十幅收获还要大。有些书家主张开始练字时，一个字一个字练好，一天就是集中练好一两个字，看起来很慢，实际上是又牢固又快，这是治学方法的问题，大家都可以研究探索。临摹过程，步骤不要乱。落笔时从局部到整体，烘染时从整体到局部，由前到后，由近至远，不要东临几笔，西临几笔，这样，由于对着临，可能最后效果差不多，但不能锻炼自己作画过程的严格步骤和整体感。这是初学时常犯的毛病。中国画作画过程，很讲究步骤和程序，各人习惯不同，但总有一个完整的程序，不同的程序有不同的效果。

4. 关于笔墨问题。

古人谓："夫画者笔也。"（《画论丛刊·山水纯全集》）唐朝张彦远提出"骨气形似本于立意，而归乎用笔"。在传统习惯上，笔墨实际上是国画技法的同义语，有人把笔墨说成中国画的生命、中国画的灵魂，这些形容是否恰当，还可研究，因为还有意境、气韵等许多问题，这里暂不争论。以上说明历来对笔墨的重视。中国画主要是运用笔墨塑造形象，表达思想感情，离开了笔墨就很难谈中国画技法问题。学乐器的很讲究指法，学提琴、钢琴开始指法学坏，很难学好的；学木刻的要讲究刀法，没有刀法，像画出来一样，便感到不是味道；篆刻也是很讲究刀法。学中国画，首先是掌握笔法墨法的问题。当然，掌握了笔法、墨法，不一定就是一位出色的画家，还有意境的表达、形象的塑造等。

中国画的笔墨和作者的爱好、修养、气质、情操是紧密结合的，和书法一样，有的雄健，有的潇洒，有的飘逸，有的俊秀，这与各人的爱好、性格有着密切的关系。行、草、篆、隶各体入画的用笔不同，郑板桥隶法入画，徐青藤草书入画，由于爱好不同、个性不同、运用笔墨技法表现客观事物的技巧不同，就形成了各自不同的风格。初学者过分追求这些是不可能的。风格是每个画家在长期艺术实践的过程中逐步形成的，由于每个画家都有自己用笔的特点和习惯，所以一看便知道是某家的作品。

对于初学者来说，不能过早局限于某种风格，但不能不注意发挥自己所长。开始练字时，我曾请教容庚先生学什么字好，当时老先生只说了一句话："主要看你喜欢哪种字体，学起来就是。"这句话回想起来很有道理，不能对谁都是学那个好，如果有些碑帖自己不喜欢是学不好的。潘天寿年轻时见到《瘗鹤铭》便爱不释手，刻苦研习。李苦禅书法得力于张芝、怀素、张旭等书家，同时以汉碑、魏碑入行草，笔力厚重、朴拙，书画混为一体，这和各人的性格有密切关系。

在历代画家中，对笔墨的论述很多，其中有的谈得比较玄妙奥秘。我以为归纳起来首先要掌握八个字，初学时一定要以此八个字来经常检查自己的毛病，就是：轻、重、缓、疾、干、湿、浓、淡。所谓轻、重、缓、疾，是行笔而言；干、湿、浓、淡是用墨而言。这八个字基本掌握，处理画面就有基本的笔墨技巧。如果连这些基本用笔用墨方法都掌握不好，什么气韵生动、心随笔运等等，都是一句空话，要恰当地表现各种事物的体质感、空间感就很困难。该虚、该淡的地方稍微画实在了，画重了，空间感就出不来，所谓差之毫厘，失之千里。中国画的工具，毛笔、宣纸是不能改动的，在创作上要做到掌握笔墨技法运用自如、得心应手，除了勤学苦练，别无其他捷径。李可染先生提到学画的艰辛时，认为"画家要有哲学家的头脑，科学家的意志，诗人的感情，杂技演员的毅力"，这是很中肯的，也是比较全面的。所谓哲学家的头脑，就是对事物的观察、分析、概括的能力；所谓诗人的感情，就是"登山则情满于山，观海则情溢于海"，这是对艺术家的共同要求。

山水画笔墨技法比较复杂，比白描复杂得多，描写对象比较广。在祖国辽阔的土地上，纵横几万里，都应是山水画描写的对象。从西南高原的喜马拉雅山到浩瀚的南海之滨，从农村到厂矿以至现代的城市建设，都是山水画要研究和表现的课题。我们不但要掌握山水画技法中勾、皴、擦、点、染等复杂的步骤，行笔中锋、偏锋、顺锋、逆锋等的运用，总之毛笔四面都要发挥作用。毛笔不容易掌握好，但一旦掌握好就有很大的灵活性。总的来说，用笔要慢，要留得住，切忌轻滑，在实践中要逐步做到笔为我所用，落笔要沉着、肯定、果断，不能优柔寡断、犹疑不决，否则便没有力量，这一定要从书法里吸收营养。中国画的笔墨与书法是完全相通的，写字是非常肯定的，写惯毛笔字落笔就有胆量。体会用笔的道理，还要研究一下书法的理论，要提高笔墨，一定要发奋练字。这是古今有成就画家的经验之谈，但我们年轻人不容易觉悟这一点。

用墨方法很多，就山水而言，概括起来有"积墨"与"破墨"两种，还有所谓"拖泥带水""连皴带擦带染"等。积墨忌板结，破墨防轻浮。这是用墨应注意的要领。积墨由于层层加厚，搞不好容易有板结之病，一定要做到"处处通灵处处醒透"（石涛语）。黄宾虹的画骤看很黑，细看墨色层次分明，处处醒透，浑厚而不刻滞，这是用墨精到之处。破墨易活，有干破湿、湿破干、浓破淡、淡破浓，画烟雨迷蒙，多用此法，墨色比较活。此外还有"泼墨法"，就我们所能看到的宋代梁楷的《泼墨仙人图》，大笔濡染、有血有肉，是幅绝妙的人物画。这种技法，对今天还有很大影响，对山水、花鸟、人物画等的应用，都有现实意义。黄宾虹先生认为石涛在用墨上争上游，主要是比较活，韵味、浓淡、干湿、虚实变化灵活，浑然一体。

西陵雨后　2000 年　68 cm×136 cm

"笔墨当随时代",这是非常精辟的思想、很开放的见解。笔墨一定要为表现我们伟大的时代服务,要与反映现实紧密结合起来,否则就是为笔墨而笔墨,走到脱离现实、脱离人民的邪路上去。我们有些人的思想比不上石涛的开放,固守陈规,古人有的才敢画,古人没有的就不敢探索创造,这是保守思想在作怪。因此我以为要向两头学习,既向老一辈学,又要向年轻朋友学,防止思想僵化。

再谈笔墨要注意的几个问题。

1. 气韵。

古人谓"凡用笔先求气韵"(《山水纯全集》),这是对笔墨的最高要求,要生动,要有生命力,要有激情。"笔墨本无情,不可使运笔者无情"(《南田画跋》)。没有激情,笔墨是死的没有生命力的东西。要做到得心应手,心随笔运,这是要经过长期磨练的过程,如果连执笔运笔都没掌握好,气韵生动就很难了。气韵生动是用笔要求的最高境界,也是国画艺术的重要因素。黎雄才先生画石特别强调一个"活"字,下笔没有雄壮气概,无气之石即为死石。即使画一树一石，都应强调气韵。

2. 骨力。

用笔要有骨力，是书画的共同要求。"细密而不伤骨。""奔放而不伤韵。"骨力是书法美的重要准则，也是绘画用笔的重要准则。用笔的果断、有力，是骨力的前提，所谓骨法用笔，米芾谓："字要骨格，画亦然。"

3. 节奏。

用笔要有节奏感，就是要防止板、刻、结的毛病。

笔有中锋、侧锋之妙用，更有着意、无意之相成。

通过用笔的粗、细、轻、重、快、慢、干、湿来达到节奏感。

"山水之法，在于随机应变"（元代黄公望《写山水诀》）。掌握用笔的基本规律，在写生和创作过程中，必须灵活运用，在落笔时还要有所谓"临池变法"。

"世有善文而不能善书，善书而不能善文者，然画家必兼二家之法而后可"（清代唐岱《绘事发微》）。缺乏节奏，用笔就平淡，平庸无奇。

当然，用笔道理很多，以上几点是基本要求。

一笔书与一笔画
——略论书法与绘画的关系

中国绘画与书法艺术，在漫长的历史发展过程中，可以说是相互并立，相互促进和相互结合的关系。在审美标准中，包括章法、结体、气韵、意态等要求以及线条的运用等方面，都有着许多相通的地方。中国历代绘画有关笔墨的理论，都是和书法艺术密切相关的，书与画都有着各自发展的高峰，同样是体现民族精神的艺术结晶，形成了独具风格的东方艺术的精华。

历代评论家对书法与绘画的关系，有许多精辟的阐述，早在唐代，张彦远《历代名画记》论顾、陆、张、吴用笔中就提出："昔张芝学崔瑗、杜度草书之法，因而变之，以成今草书之体势，一笔而成，气脉相连，隔行不断，惟王子敬（引者注：王献之）明其深旨，故行首之字，往往继其前行，世上谓之一笔书；其后陆探微亦作一笔画，连绵不断，故知书画用笔同法。"这里明确提到书画的许多道理相同，特别强调用笔整体的气韵，所谓"气脉相连，隔行不断"，就是要求笔无起止之迹，以气韵为先。张彦远还提到"工画者多善书"，《林泉高致》提到"善书者，往往善画，盖由其转腕用笔之不滞也"。从书法艺术来说，行笔和结体是重要的基本功；中国绘画主要运用笔墨来塑造形象，但运用各种不同的线条来传情达意这点上，是完全相通的，因此中国历史上不少画家同时又是书法家。像米芾、苏轼、赵孟頫、文徵明、郑板桥、赵之谦等，他们的书法和绘画都有相当的成就，均为世人所重。事实上有了绘画的基础，对书法艺术比较容易理解，相反，有了书法基础，对中国绘画也较易入门。两者都同样要求有高度驾驭毛笔的能力。用笔的雄健、峻拔秀逸、洒脱等等，主要是通过各种不同的行笔和线条来体现，也是根据作者的气质、修养、爱好不同而体现出各自不同的风格。中国传统习惯把绘画叫"写画"，也是从书法的"写"字来的。因此，线条美包括线条的节奏感、运动感等等，同是东方绘画与书法艺术所研究的重要课题，是千古以来具有无限生命力的重要因素。不少早期出国留学绘画的先辈，归国后都很重视对中国书法的研究。像最早出国留学绘画、对油画有很高造诣的广东画家李铁夫先生，晚年也认真研究书法，在水彩及水墨速写方面，都吸收了书法营养。我们常强调学习中国绘画必须认真研习书法的重要性，但在一些青年学生中，往往强调没有时间而未引起足够的重视，究其原因，是由于没有认识到研习书法是学习中国绘画的重要基本功之一。因而缺乏自觉和浓厚的兴趣，不愿在这方面花时间刻苦地磨练，可以肯定，缺乏中国书法的基本功，中国画的发展必然受到局限。

掌握了书法的用笔规律，写起画来可以用笔变化多端，增强线条的美感和韵味。从绘画艺术的要求上，应该是篆、隶、行、草都要研究，当然不可能各体精通，但要研究他们的各自特点和行笔规律，这对于表现不同对象和丰富画面的变化大有帮助。唐代大书法家孙过庭认为："篆尚婉而通，隶欲精而密，草贵流而畅。"康有为谈道："精于篆者能坚，精于隶者能画，精于行草者能点。"这些只是提出各种字体所侧重的某个方面，是相对而言。但作为中国绘画的要求，了解和掌握各种字体的行笔和结构规律，作者根据不同的体会在表现不同对象过程中运用自如，对于表达作者的感情有密切关系。人们常提到以书法入画，主要是根据画家不同的素质、爱好重点研习某种字体而且直接运用到绘画中去。如郑板桥、赵之谦常以篆隶笔法入画，吴昌硕以篆书入画，徐青藤以狂草入画等，形成了各自不同的行笔习惯，也是画家形成各自不同风格的重要因素。岭南画派先辈在书法与绘画上，都有各自的风格。如高剑父先生晚年常以斜风骤雨的狂草笔法作画，高奇峰先生以行草入画，陈树人先生清丽秀逸的书法都与他的画面风格十分协调，当代岭南画派的几位大师关山月、黎雄才、赵少昂、杨善深等都很重视书画的结合，都有各自明显的风格。

有深厚的书法功夫，可以提高我们驾驭毛笔的能力，作画时落笔更加果断和肯定，有了这个前提，才能谈得上"骨法用笔"。"骨气源于书法"是完全正确的。书法落笔要求十分肯定，不能有半点犹豫，一点败笔都会暴露无遗。用毛笔在宣纸上作画，当然也很难涂改，只能加，不能减，要做到胸有成竹，意在笔先，落笔才能肯定，才有力量。在这方面，书法比起绘画要求还要严格，写画有些地方还可以用点染来补救，写字却来不得半点含糊。所谓"失一点如美人眇一目，失一戈如壮士折一臂"。因此从某种意义上来说，写字比写画难度还要大。当然，写画许多关键的地方也无法修改，如写人物的五官表情、画山水的远山烟云，一点败笔都会影响全局。有深厚的书法功夫，能增强用笔的胆识，随心所欲地运笔用墨，大幅创作也可放笔直下，以达到大气磅礴、气韵生动的效果。

有了书法修养，字写得美，对于作画的章法变化和丰富画面内容大有帮助。中国绘画自宋以后，特别是明清以来，都很注意题款，书法已成为绘画不可缺少的重要部分，题款已是作者表达感情、调节画面的重要手段之一，书法的水平和修养与画面的意境直接相关。一幅画会因好的题款而大为生辉，也会因不好的题款而黯然失色，这种例子是很多的。不少很有成就的画家，一幅画完成后，在题款前往往都要经过再三推敲才落笔。我们不少青年学生本来一幅画写得不错，一题上字整幅画都受到破坏，字与画很不相称，相差了十年八年功夫。事实上有的在艺术院校学了七八年画，都没有认真练过字，连把自己名字写上也会破坏画面，这是一点也不夸张的。所谓"书画同法""书画同源"不是说写好画就自然能写好字，书法本身有极高的成就。"字无百日功"，突击是不会有什么效果的，非经过长期下苦功磨练不可。

诗、书、画、印的结合，已成为独树一帜的综合性的东方绘画艺术。诗文与篆刻也是中国绘画不可缺少的修养。当然不可能每个中国画家都能做到四绝，但书与画的互相促进的基本功是毫无疑问的。作为学中国画的要求，不但要研究书家的书法，而且要研究画家的书法。要研究是画家又是书家的书法。有的书家字写得很好，但题上画不一定协调，画家书法题在画上，总是起到统一和谐的作用。相对来说，一般画家的字，比较注重整体变化和气韵。像米南宫、沈周、文徵明、徐青藤，近代的吴昌硕、齐白石及岭南画派的先辈和当代的诸大家，他们不但在书法上有很高的造诣，而且书法与画都非常协调。"取法乎上，得乎其中。"我们研究某家书法的时候，还要知道他是如何学习演变过来的，这样才能站得高看得远。这里主要是谈书与画的关系，强调学习中国画研究书法的重要性和必要性。书法本身，历代和当代都有极丰富的理论，学习绘画和其他艺术，都应认真研究书法的理论，这对于了解我国优秀的传统美学思想大有帮助。当前，中国画系开设书法、篆刻专业，同时还要招收这方面的研究生，一方面是要提高青年学生的全面修养，更重要的是要推动中国画教学向着更深的层次发展。

（本文载于《岭南画学丛书·梁世雄》，湖南美术出版社，2002年，作者为梁世雄）

附一 / 艺术年表

1933 年
3 月 10 日出生于广东南海。

1949—1950 年
就读于广东省立艺术专科学校美术系。

1950—1953 年
就读于广东华南人民文艺学院美术系，师从黄新波、关山月、黎雄才。

1953—1956 年
就读于武汉中南美术专科学校绘画系，其间曾担任学生会主席。

1956 年
毕业留校，组织上拟派赴波兰留学学习陶瓷，征询本人意见后留校任国画系助教及系秘书。作品《永远做最可爱的人》由湖北人民出版社出版，并刊登于武汉《工人文艺》及《长江日报》。

1957 年
夏，与黎雄才等到南岳衡山、黄山等地写生。创作《坦克手在工地上》，参加湖北省美展，获二等奖，由湖北省博物馆收藏。

1959 年
作品《抽纱》参加全国美术展览及广东省美展，并发表于《广东画报》《北京日报》及《南方日报》。创作作品《归渔》。中南美专由武汉迁广州，改名为广州美术学院，任国画系秘书兼山水画科助教。

1961年

暑假期间在岳父容庚教授家临摹巨然长卷及沈周山水册页。《椰林秋晓》入选《广东美术作品选》。携广州美术学院师生作品到上海举办展览，《归渔》和论文《生活——创作的源泉》同时刊登于《文汇报》。

1962年

《归渔》《椰林秋晓》及粤北写生四幅参加在香港举办的岭南画派画展。《归渔》分别入选人民美术出版社和上海人民美术出版社先后出版的《现代人物画选》。

1963年

在文德路广州画廊与杨之光、陈金章联合举办"三人国画联展"。

1965年

8月，随中央代表团赴西藏访问，先后到山南农区、藏北牧区、亚东林区及边防等地，历时四个多月，画了大量速写。归来为人民大会堂西藏厅绘制《雪山雄鹰》。

1971年

创作的《山区处处变新颜》四条屏，参加广东省美术展览，由广东人民出版社出版。作品《高原江南》《沙田新秀》参加广东、四川国画联展，并分别由国家选送往德国及香港地区展出。

1978年

任中国画系副主任。参加以关山月（组长）、黎雄才为首的广东国画创作组，为毛主席纪念堂绘画，与陈洞庭、蔡迪支、林丰俗、陈章绩等合作《广州农民讲习所》《遵义曙光》。

1979 年

《沙田新秀》参加日本举办的亚细亚第一回画展,并入选日本出版的《近代亚洲美术》。《雪岭初春》参加文化部在香港举办的"中国画展"。《雅鲁藏布江畔》参加国庆三十周年广东省美展。

1980 年

4 月至 5 月,应中央文化部中国画创作组邀请,赴北京藻鉴堂作画,所创作的《葵乡雨后》参加中国名家画展。《昆仑山下》送比利时展出。夏天,与中国画系研究生刘书民等赴黄山写生,到长江三峡及富春江等地深入生活,沿途写生一个多月。《湖畔》与《葵乡雨后》参加中央文化部举办的中国名家画展赴香港展出。

1981 年

《水乡曲》等二十幅作品参加中国名家七人联展,赴比利时、泰国、印尼等地展出。八月一日,加入中国美术家协会。《天堑截流》入选广东省美展。

1983 年

任副教授、硕士研究生导师。

1984 年

《故乡情》《沙田新秀》参加广东省国庆三十五周年美术展。创作《喜马拉雅松》《不尽长江滚滚流》《雪岭初春》。赴日本神户参加广东省文化厅主办的"广东经济文化展"。

1985 年

1 月 19 日,在广州文化公园,由广东省美术家协会及广州美术学院联合举办"梁世雄画展",共展出作品 84 幅。

1986年

任广州美术学院中国画系主任。岭南美术出版社出版《梁世雄画选》。

1987年

9月，参加广东省工艺代表团出访美国，同行的画家有杨之光。访问期间在纽约美术学院及加州美术学院举办讲座。在波士顿参加"广东省美术家作品联展"。创作《美国海滨秋林》及《美国加州十七米半风景》。应邀在美国三藩市东方艺术协会举办的国画艺术讲座上进行演讲。文章《重视师承，鼓励独创——试谈岭南画派的教育思想》及《一笔书与一笔画——略论书法与绘画的关系》发表于《广州日报》。

1988年

5月，香港大会堂举办"梁世雄、李国华、梁纪三人国画联展"。与赵少昂、杨善深、司徒奇见面。9月，携中国画系教师作品赴香港，在香港大学冯平山博物馆举办"岭南画展"。任广州美术学院国画系教授、硕士研究生导师。出版《梁世雄山水画辑》，选辑作品20幅。《泼湿黄山几段云》参加日本东京举办的亚细亚美术作品展。

1989年

5月，应邀访问日本，并先后在东京、名古屋、京都、三重举办个人画展，展出作品40余幅，日本三重电视台做专题访问及电视介绍。《黄山云海》《漓江之晨》《多少峰峦云雾中》《嘎拉湖畔》《秋牧》等均为日本各界人士收藏。《喜马拉雅松》《霜叶红于二月花》《鸟羽春晓》先后由国家选送到美国、澳大利亚、日本、泰国、约旦及香港、澳门等地区展出。配合在日本举办的画展，出版《梁世雄山水画》。

1990年

11月，在澳门东亚大学举办个人画展，展出作品30余幅，并于东亚大学举办学术讲座。《澳门日报》《澳门华侨报》以及《大众报》《市民日报》均发消息并做详细报道，刊登画幅多帧；名字被收入《中国当代国画家辞典》（浙江人民美术出版社）。

1991年

6月，岭南画派纪念馆成立，任副董事长。8月，参加香港粤海公司与粤雅堂合办的"国画精品展"在广州及香港两地展出。12月，与关山月、黎雄才、陈金章、陈章绩、周彦生等应邀参加在新加坡举办的"岭南画派六人展"。并于新加坡艺趣会上做《关于岭南画派介绍》的学术报告。《高原春色》为中南海收藏。

1992年

4月，8开本《梁世雄画集》由岭南美术出版社出版，共收集20世纪80年代以来新作82幅。被选举聘任为广州美术学院第二届学术委员。5月至6月，应日本友人二村宽邀请，偕夫人与黎雄才夫妇一道赴日本访问，历时一个半月，由日本前首相海部俊树及中国驻日本特命全权大使杨振亚接见。9月23日，岭南画派纪念馆举办"黎雄才、梁世雄访日画展"。适逢日中邦交正常化二十周年，海部俊树率领代表团参加开幕式，亲自剪彩；时任广东省省长的朱森林、人大常委会主任林若以及日本、法国、波兰、泰国等国驻广州的总领事到场参观。各报刊共发表介绍文章11篇。

1993年

10月，《黎雄才、梁世雄访日画集》由广东人民出版社用中、日、英三种文字出版。

1994年

3月10日，在岭南画派纪念馆举行"《黎雄才、梁世雄访日画集》出版座谈会"，日本驻广州总领事古森利贞，日本友人二村宽、二村正夫出席此座谈会，广东省广州市美术界、新闻界等各界人士共八十余人参加，对该书的出版给予很高的评价。广东省人民对外友好协会指出，该画集的出版是广东省对外文化交流的一件大事。广州的十八家报纸和电视台的三十余名记者参加了座谈会。当晚，广东电视台、广州电视台都发了消息，《南方日报》

《羊城晚报》《广州日报》《广东侨报》均做了报道。发表《芙蓉峰上一轮高》《瀑》《樱》《奈良药师寺》。6月，被聘为高剑父纪念馆艺术顾问。

1995年

4月23日至29日，应邀在马来西亚吉隆坡市中央艺术学院内中央画廊举办个人画展，展出作品四十余幅。展出作品中多幅为当地收藏家收藏。展出期间，于中央艺术学院举办学术讲座并作画示范。马来西亚英文报 CITY TRENDS 著文做专门报道。《珠江春晓》被人民大会堂收藏。

1996年

2月，被广东省人民政府聘任为文史研究馆馆员。9月，参加由中国美术家协会组织的全国画家十人团赴黄山作画（第三次登黄山），为中南海国务院贵宾接待厅绘制《云峰叠嶂映松涛》，收入《中南海紫光阁藏画》一书。

1997年

《小鸟天堂》入选由人民美术出版社出版的《中国现代美术全集》。《喜马拉雅松》入选广东优秀美术作品展，广东美术馆收藏。9月，应邀赴加拿大多伦多市举办个人画展，展出作品五十余幅。加拿大《星岛日报》《明报》均做了大篇幅报道，多伦多电视台播送专题采访和报道。归来后，创作《尼亚加拉大瀑布》。

1998年

5月，与夫人容璞前往欧洲游法国、意大利、德国等八国，沿途速写，归来后创作《蒙马特高地》《巴黎圣母院》《尼斯海滨》《金色威尼斯》《莱茵河畔》《新天鹅堡》《阿尔卑斯山下》《卢森堡大峡谷》《荷兰风光》等。

1999年

参与全国99位画家为迎接澳门回归共同创作的《江山万里图》，画长99米，宽99厘米，由江泽民主席题字，画赠时任澳门特首的何厚铧先生。作品《金色之秋》入选中国美术家协会主办的"纪念建国五十周年和西藏民主改革四十周年暨援助西藏希望工程书画展"。作品《虎门大桥》参加"广东省改革开放成就画展"。

2002年

参加广东省文史研究馆代表团访问台湾，归来后创作《阿里山之魂》《太鲁阁激流》。6月，《岭南画学丛书·梁世雄》由湖南美术出版社出版。

2003年

参加广东省美术家协会组织的采风团，赴新疆采风，深入中蒙边境淖毛湖地区，搜集大量胡杨林资料，归来后创作《大漠雄风》《胡杨月夜》《天山牧歌》《喀纳斯初晓》《高原牧歌》《雪山雄鹰》《遥望博格达峰》《雪山林海》《雪山湖畔》《月亮湾》《高原情》等。创作《山高水长图》《数峰秋色立斜阳》。

2004年

参加广东、安徽文史馆馆员联展。四上黄山，创作《云瀑》《松峰飞瀑图》《山水有清音》等。9月，去俄罗斯及北欧四国参观游览，其间与列宾美术学院教授进行学术交流活动。11月5日至15日，参加广州美术学院美术馆举办的"丹青岁月·十二人画展"，《珠江春晓》《太鲁阁激流》《苍松万古春》《阿里山之魂》《大漠雄风》等作品参展。

2006年

大型画集《中国当代名家画集·梁世雄》由人民美术出版社出版发行。2月23日，南海举办"《中国当代名家画集·梁世雄》首发式暨梁世雄教授作品捐赠仪式"，南海区政府颁发"桑梓情深，德艺双馨"奖牌，向南海博物馆捐赠作品20幅。

2009年

9月,广东美术馆举办"梁世雄绘画六十年"大型展览。同时发行画册《梁世雄绘画六十年》,展出作品共120余幅,是画家自1985年第一次个人画展以来最全面的展示。广东省美术馆于国庆期间举办"站起来的中国人民画展",其中展出馆藏的作品《归渔》。

2013年

《雄风岁月》巨幅联屏三易其稿,历时两年而成。12月在家乡南海博物馆举办个人画展,同时由人民美术出版社出版大型画册《梁世雄书画集》,合《中国画作品》《书法作品》两本为一套。

附二 / 参考资料

陈振国主编：《岭南画学丛书·梁世雄》，湖南美术出版社，1995年。

广东美术馆编：《梁世雄绘画六十年》，岭南美术出版社，2009年。

张绰著：《为有源头活水来——看梁世雄画展》，载《岭南画学丛书·梁世雄》，湖南美术出版社，2002年。

于风著：《搜妙创真 传情达意——读梁世雄山水画有感》，载《梁世雄画选》。

李伟铭著：《水墨有情——梁世雄山水画片言》，载《岭南画学丛书·梁世雄》，湖南美术出版社，2002年。

李伟铭著：《山水之美——读梁世雄近作随想》，载《岭南画学丛书·梁世雄》，湖南美术出版社，2002年。

于风著：《画家梁世雄的艺术道路》，载《中国当代名家画集·梁世雄》。

李伟铭著：《人、自然与艺术创作意识——梁世雄山水画略论》，载《岭南画学丛书·梁世雄》，湖南美术出版社，2002年。

李伟铭著：《自然为师——读〈梁世雄画集〉》，载《南方日报》，1992年4月18日。

张绰著：《岭南派画家梁世雄的艺术道路》，载《岭南画学丛书·梁世雄》，湖南美术出版社，2002年。

容璞著：《梁世雄的艺术足迹》，载《岭南画学丛书·梁世雄》，湖南美术出版社，2002年。

王艾著：《造化于心·笔下有源——读梁世雄山水写生》，载《搜妙创真 梁世雄山水写生作品集》，黑龙江美术出版社，2009年。